人事档案建设与管理研究

刘小飞 姜 娇 赵 娟◎著

贵 州 出 版 集 团
贵州人民出版社

图书在版编目（CIP）数据

人事档案建设与管理研究 / 刘小飞, 姜娇, 赵娟著
. -- 贵阳 : 贵州人民出版社, 2023.9

ISBN 978-7-221-17808-4

Ⅰ.①人… Ⅱ.①刘…②姜…③赵… Ⅲ.①人事档
案－档案管理－研究 Ⅳ.① G275.9

中国国家版本馆 CIP 数据核字 (2023) 第 154966 号

RENSHI DANGAN JIANSHE YU GUANLI YANJIU

人事档案建设与管理研究

刘小飞 姜 娇 赵 娟 著

出 版 人：朱文迅

策划编辑：苏 轼

责任编辑：杨进梅

装帧设计：博健文化

责任印制：陈 楠

出版发行：贵州出版集团 贵州人民出版社

地　　址：贵阳市观山湖区中天会展城会展东路 SOHO 公寓 A 座

印　　刷：天津旭丰源印刷有限公司

版　　次：2024 年 7 月第 1 版

印　　次：2024 年 7 月第 1 次

开　　本：787mm×1092mm 1/16

印　　张：10.5

字　　数：200 千字

书　　号：ISBN 978-7-221-17808-4

定　　价：68.00 元

前 言

　　人事档案是历史地、全面地了解和考察一个人的必要手段，作为人事管理的重要部分，人事档案具有重要的凭证和参考价值，是人力资源开发、配置利用和预测的重要依据。

　　伴随着人事制度改革和信息技术的发展，人事档案管理逐渐走向科学化、信息化、社会化。面对新的社会环境、制度环境和技术环境，以人事制度改革为契机，以信息技术为依托，以人事档案科学化管理为基础，以人事档案社会化服务为目标，将人事档案管理研究及实践工作推向更高水平是每一位人事档案工作人员和研究人员应认真思考的问题。

　　基于此，笔者围绕"人事档案建设与管理"展开研究，分别从人事档案的理论基础、人事档案的日常管理、人才流动背景下的人事档案管理建议、人事档案的信息化建设与管理、人事档案的数字化建设与管理、人事档案的智能化建设与管理等六个方面进行了论述。本书体系完整，层次清晰，借助通俗易懂的语言、系统明了的结构，全面地介绍了人事档案建设与管理工作的理论、业务及类型，并且紧跟时代发展潮流，从信息化、数字化、智能化等方面对新时期人事档案的建设与管理做了有益探索。本书可供广大档案管理从业人员与相关爱好者阅读使用，有一定的参考价值。

　　笔者在编写本书的过程中，得到了许多专家、学者的帮助和指导，在此表示诚挚的谢意。由于笔者水平有限，加之时间仓促，书中所涉及的内容难免有疏漏之处，希望各位读者多提宝贵意见，以便笔者进一步修改，使之更加完善。

目 录

第一章 人事档案的理论基础

第一节 档案的概述

一、档案的内涵

档案是指过去和现在的国家机构、社会组织以及个人从事政治、经济、科学、技术、文化等活动直接形成的对国家和社会有保存价值的各种文字、图表、声像等不同形式的历史记录[①]。

随着生产的发展和技术的进步，档案的载体由早期的龟甲兽骨[②]、青铜器皿、竹简木牍、石料、缣帛等材料发展为纸张，近现代以后又出现了以胶片、磁带、计算机磁盘、光盘等为载体的新型档案。与此同时，档案的来源不断扩大，从以官方机构为主，发展到各类企业、学校、医院、社团，以至于家庭或个人都形成档案；档案的内容从主要记载国家事务，逐渐扩展为大量记载各种社会生产、生活和自然现象，档案因此成为一种全面记录和反映国家与社会历史发展状况的宝贵的信息资源。

（一）档案的来源

档案是其形成者在自身的活动中形成的，属于同一个形成者的档案之间存在着不可分割的密切联系。档案形成者的类型非常广泛，就组织的角度而言，档案来源于依法成立并能以自己的名义行使权利和承担义务的各种组织，即"法人"。它包括各级党政机关，各种工商业、金融保险业、房地产业、信息产业、服务业的公司，各类教育、科研、卫生、文艺、体育、社会福利机构，还有学会、协会、商会等社会团体。档案在这些单位内是按

---

① 历史记录，是指首次生成并以一定方式记录在某种载体上的信息。它包括行政文件、经济文书、科研设计材料、手稿、日记、书信、家谱、照片、录音、录像、数字化信息等。

② 我国现存最古老的甲骨档案出现在公元前 14 世纪前后的殷商时期，至今已经存在了四千余年。

照职责分工连续地、有规律地形成的。从个体的角度来说，档案来源于依法享有权利并承担义务的个人，即"自然人"，以及家庭、家族。在这个范围内，档案是围绕个人、家庭、家族的社会活动或家庭事务形成的。

（二）档案的形成过程

在现实中，档案的形成过程存在差异。个人、家庭或家族的档案以手稿、日记、书信、契约、账册、家谱、音像材料为主，一般在形成之后经过一定的整理，进行有序积累，就可以作为档案保存。而单位档案的形成过程比个人档案要复杂一些，它们一般都要经过一系列的工作程序之后才能形成。在这里我们以单位的档案为主，描述和分析其形成过程。

第一，处理完毕的文件才能成为档案。档案是从文件转化来的，档案与文件是同一个事物的不同运动阶段。文件是单位开展各项工作的办事工具和沟通媒介，具有时效性，而档案的主要作用是备考。只有当文件处理完毕①以后，不需要在单位的现行工作中运行了，才可以作为档案保存。

第二，对日后工作活动具有一定查考利用价值的文件才有必要作为档案。保存在现实工作活动中产生和使用的所有文件对人们今后的活动未必都具有查考利用价值，其中一部分文件在工作任务结束后，自身的利用价值随之完结，不需要继续保存，而另一部分文件则因为对今后的工作活动具有查考利用价值而被人们作为档案保存下来。因此，文件能否转化为档案需要人们通过鉴定来决定。文件的查考利用价值主要是指其在事实、证据、知识等方面对人们和社会的有用性。在文件向档案转化的过程中，查考利用价值是档案形成的关键因素和条件，只有具有查考利用价值的文件才有必要作为档案保存。因此，"有文必档"会导致档案质量的良莠不齐和管理资源的浪费，而不重视积累档案则会造成工作的被动和历史的空白。

第三，经过立卷归档集中保存起来的文件才最后成为档案。文件是伴随着单位完成各项工作任务的过程而逐渐生成的，这就使文件分散于各个承办部门或人员手中。文件的这种分散状态不符合档案管理与利用的要求。为此，人们需要将具有保存价值的文件集中起来按照一定的规律对其进行系统化整理，并移交给档案部门，这就是立卷归档。因此，可

---

① 文件的"处理完毕"是指其完成了收文、发文等文书处理程序。需要指出的是，文件的处理完毕与文件内容所针对事务的办理完结并非完全同步。在实际工作中，一些文件内容的办理完结与文书处理程序的完结可以同步。文件处理完毕转化为档案之后，其中一部分丧失了现行效用，成为历史文件；另一部分则仍然具有法律上和行政上的效用，可作为现实工作的依据。

以说办理完毕、具有查考利用价值、经过立卷归档的文件才能转化成为档案。

总之，档案虽然是由文件转化来的，但是文件不能自动地成为档案，其间必须经过有关人员开展鉴定和立卷归档工作，才能使具有保存价值的文件最终转化成为档案。在这里归档既是文件向档案转化的程序和条件，又是文件转化为档案的一般标志和界限。

（三）档案的外在形式

档案的外在形式是指其外貌特点，社会活动中原始信息记录方式的多样性决定了档案形式的多样性。下面以档案实体为例，解读档案的外在形式。

1. 档案实体的要素

档案实体的要素包括以下三个方面：

第一，档案的载体。档案的载体是指承载档案信息的各种物质。从我国档案发展进程来看，档案载体制造工艺中的科技含量越来越高，体积越来越小，越来越轻便，而它们所承载的信息量则越来越大。

第二，档案信息的表达方式。档案信息的表达方式包括文字、图示、图像、声音四种类型。例如，行政文件多采用文字表达方式，产品设计文件多采用图示或图像的表达方式等。

第三，档案信息的记录方式。档案信息的记录方式是指档案信息与档案载体结合的手段，包括刻铸、手写、印刷、晒制、摄影、录音、录像、录入、刻录等方式。

2. 档案的版本

档案的版本是指文件从拟写到办理过程中所形成的不同稿本，如草稿、定稿、正本、试行本、副本等。在实际工作中，各单位都必须使用定稿、正本、试行本、修订本等经过正式程序制发的有效文本。

当文件转化为档案时，在版本上要注重选择可靠程度最高的版本，一般只保留原稿、原本，不留存副本。所以，档案是以孤本为主，不像图书那样存在大量的复本。档案的版本特点给管理工作提出了更高的要求。

二、档案的属性

档案的属性包括原始记录性、历史性、社会性、清晰性与确定性。

（一）原始记录性

档案是人们在社会活动中直接形成的原始性信息记录，对以往的社会活动具有直接的原始记录作用。这一本质属性在现实中和许多复杂事物的本质特性一致，具有明显的相对性和动态性。事实上，许多信息物只要对于人们理解、考证以往的历史事实具有程度较高、最可信赖的原始作用，人们就会将其视为档案，并将其作为档案来保存、使用。这也是档案的实际存在形式广泛复杂、多种多样的根本原因。从信息理论和人类之所以保存、使用档案的心理根源及实际需求角度讲，档案实际上是人类追求信息的确定性和可靠性的产物，是社会实践必须有确定、可靠的信息支撑方能有效进行的现实需要的产物。

原始记录性是档案具有可靠的凭证作用的原因所在。因此，保持档案的原始记录性就成为档案管理与利用工作中的一项神圣职责。我们应该明确，无论何时何地，都不允许任何人改变档案的原始信息内容记录的状态，否则就会使档案失真，从而造成历史事实的扭曲。在我国，档案的原始记录性受到国家法律的保护，对损毁、涂改、伪造档案等行为，根据情节轻重，给予行政处分，直至依法追究刑事责任。因此，各单位的工作人员以及每个公民都必须依法保护档案的原始面貌，维护好历史真实性的源头。

（二）历史性

从时态上讲，档案是已经形成的，这种以往社会活动的原始记录，就可以把过去带到现在或者未来，从而将过去、现在和将来联系在一起，维系人类社会的时空统一性与整体连续性。所以，人们一般由此将档案看作一种历史文化遗产。当然，它是其中具有基础性支撑意义的重要部分。

（三）社会性

档案是人们在社会活动中直接形成的，其内容是对社会活动的内容、过程及结论的原始记录，而非自然界的产物。其内容虽然会大量涉及自然界，但它毕竟是人类研究、开发、利用自然界的社会实践活动的产物，与自然界形成的原始记录不可混为一谈。

（四）清晰性与确定性

档案内容信息具有清晰性与确定性。换句话说，档案所记录的内容是清清楚楚、明明白白的，而且这些清晰、确定的信息内容又依附于一定的物质载体形式而存在，二者缺一不可。这是档案区别于文物的根本点。没有载体形式的原始性信息不能成为档案，没有清晰、确定的信息内容的原始记录物也不能成为档案。

三、档案的特点

第一，文化性。档案是对人类各种活动的原始记录，它记录历史，反映人类文化和文明，是社会文化的组成部分，而档案室（馆）作为专门保管档案的重要基地，承担着保存和保护社会文化遗产、传播社会文化知识和文化教育、发展社会文化等社会文化功能。因此，档案工作具有文化性特征，尤其是档案室（馆）的档案工作。

第二，科学性。档案资料可为科学研究提供不可替代的基础支撑，档案工作实践本身蕴含着一定的规律和科学内容，档案工作要与时俱进，必然要依靠现代管理科学知识和现代信息技术在档案工作中的运用。因此，档案工作具有科学性。

第三，服务性。开展档案工作的最终目的是为国家、社会组织、个人提供档案利用服务，进而服务于他们的实践活动。它的价值通过这种提供档案信息资源服务于人们的各项社会实践活动的过程得以实现，因此，其属于一种服务性工作。

第四，管理性。从狭义上讲，档案工作就是档案管理工作，是对档案这一事物进行管理的专门业务。由于档案又属于信息资源，所以，档案工作也是信息资源管理中不可小觑的内容之一。对于各机关、企事业单位等组织而言，档案工作又从属于某种更大范围或更高层次的管理工作，例如，人事档案工作是人事管理工作的内容之一。

四、档案的作用

（一）单位与组织工作的查考凭据

档案记录了各种单位与组织过去活动的状况，其中包括行使行政职权的法律依据，处理行政事务的过程与结果以及管理活动的经验，它是任何一个政府、任何一个机关单位与组织连续工作必须查考的凭据。我们党和国家历来强调办事要实事求是，各种机关单位为了有效地实行管理，必须切实掌握材料。

档案可以为党、政、军等机关，企事业单位的领导工作和业务管理，提供证据和咨询资料，借以熟悉情况、总结经验、制订计划、进行决策、处理各种问题。

（二）生产建设的参考依据

档案中记载了各种生产活动的情况、成果、经验和教训。从自然资源、生产手段到生产过程以及计划管理和生产技术等各方面的信息，都可以作为工农业生产和经济管理的科学依据和参考材料。

当今日益增多的科学技术档案，更是进行现代化生产管理和科学技术管理的重要条件。但是，无论是普通档案，还是科学技术等专门档案，总的来说，都在不同程度上和不同的方面反映了经济活动的情况，都能为以经济建设为中心的现代化建设提供咨询研究、统计监督的情报信息，对制订经济计划，检查和总结生产情况，推广先进生产技术和管理经验以及防止灾害等，都是重要的参考材料。

（三）科学研究的可靠资料

档案是科学研究的必要条件，无论是自然科学还是社会科学、思维科学的研究，都必须详细地占有材料，才能据以潜心钻研，探索事物发展的规律。档案可以从两方面为科学研究提供丰富的历史资料：一方面，专门进行科学研究的原始记录可供现实的研究工作直接借鉴；另一方面，从记录的广泛事实和经验中，为各项研究活动提供大量的实验、观察和理论概括的基础材料。

（四）宣传教育的生动素材

档案的原始性、历史性、直观性，让档案成为宣传教育的生动素材。例如，法律、法规、协议、合同、名单、记录、报告与批件、书信、账本、单据、存根等原始材料，有的规定了各种社会关系、经济关系和政治关系的组成，有的记载了有关事件的过程、各方面承担的权利和义务以及当事人具有的资历、待遇和荣誉。在这些方面产生疑问、争执或纠纷时，档案最能有力地说明权益的归属，成为权威性的法律证书，并有一定的物证作用。

第二节　人事档案的属性与特点

人事档案是在人事管理活动中形成的，经组织审查或认可的，记述和反映个人经历、思想品德、学识能力和工作业绩的，以个人为单位集中保存起来以备查考的文字、表格及其他各种形式的历史记录材料。

人事档案是我国人事管理制度的一项重要特色，它是个人身份、学历、资历等方面的重要凭证，与个人工资待遇、社会保障、组织关系紧密挂钩，具有法律效用，是记载人生轨迹的重要依据。目前，个人需要的司法公证、职称申报、开具证明、函调政审、办理退休手续等都要用到人事档案。

一、人事档案的属性

人事档案的属性是构成人事档案的基本要素，也是识别和判定人事档案材料的理论依据。这些属性相互联系、互相制约，主要表现在以下五个方面：

（一）是各级组织在考察和使用人的过程中形成的

人事档案是各级组织在考察和使用人的过程中形成的，经组织审查或认可的，对个人经历和德才表现情况的真实记录。例如，各级组织会定期或不定期地布置填写履历表、登记表、鉴定表、学习工作总结、思想汇报以及年度考核表等；组织为审查某人的政治历史问题，就需要通过有关人员、有关单位和知情人了解情况，索要证明材料，然后根据这些材料和有关政策对其做出适当的审查结论和处理决定；在使用人的过程中，如调动、任免、晋升、出国等都要经过一定的审批手续，就产生了任免呈报表、审批表等材料。所有上述材料均属于人事档案材料。

人事档案在产生来源方面具有两个重要特征。第一，它是组织在考察和使用人的过程中产生的，而不是在其他过程中产生的。例如，专业技术人员在工作中撰写的学术报告、论文著作等不是组织在知人任人的过程中形成的材料，不属于人事档案材料；但通过学术报告、论文著作的目录能达到了解和使用人的目的，因而可以将其目录材料归入人事档案。第二，它是经过组织形成的或者是由组织认可的材料，而不是由个人编撰的材料。例如，个人不经过组织，私自找熟人写材料证明自己参加工作的时间，是不能算入人事档案的。

（二）以个人为立卷单位

以个人为立卷单位是人事档案的外部特征，是由人事档案的作用决定的。人事档案是一个组织了解人、任用人的重要依据，是个人经历和德能勤绩等情况的全面真实记录。只有将反映一个人经历和德才表现的全部材料集中起来，整理成册，才便于历史地、全面地了解这个人，进而正确地使用这个人。

如果将一个人不同时期或不同方面的材料分散于不同单位或若干种类的档案里，有关这个人的材料被割裂肢解，一旦组织上要系统地了解这个人的情况，就如大海捞针，因工作量大、效率低，甚至可能漏掉重要材料而影响正常工作。如果未将某一个新近填写的履历表归入其人事档案中，而是以科室为单位装订成册，这种合订本就不能称为人事档案，因为它不具备以个人为立卷单位的属性，影响对一个人系统全面的了解。

（三）按照一定的原则和方法进行整理

按照一定的原则和方法对个人材料进行整理是个人材料转化为人事档案的先决条件。个人材料犹如一堆原材料，人事档案则是按照一定的程序和规格加工出来的产品，这种经过整理的人事档案不再是繁杂无序的材料，而是具有一定规律的有机体。当然，这种整理必须依照一定的原则和办法进行。例如，2018年11月20日，中共中央办公厅印发的《干部人事档案工作条例》对干部人事档案工作的体制机制、内容建设、日常管理、利用审核、纪律监督等加以规范完善，是新时代全国各级各类干部人事档案工作的基本遵循。同时，这些原则、要求和办法一般均适用于其他类型人事档案的管理工作，也是人事档案管理工作的根本法规。人事档案相关政策、法律法规和管理制度的出台和执行，可以使人事档案更科学、规范、实用，更好地为人事工作服务。

（四）手续完备且具有使用价值和保存价值

手续完备是指人事档案材料要按照一定的移交手续进行交接和处理。在日常的人事档案材料收集鉴别工作中，经常会遇到材料手续不全的棘手问题，例如，呈报表有呈报意见而无批准机关意见，履历表没有组织审核签署意见或没有盖章，入党志愿书没有介绍人意见。这些材料虽然也有人事档案的某些属性，但从本质上看，它们不具有或不完全具有人事档案的可靠性，不能作为考察和使用人的依据，因而不是人事档案材料，或者说还没有完全转化为人事档案材料，有的只能作为备查的资料，有的可以作为反映工作承办过程的材料存入机关文书档案。如果有的材料确实已经审批，但由于经办人员不熟悉业务或责任心不强而没有签署意见或盖章的，可以补办手续，这种补办手续的过程就是完成向人事档案转化的过程。

手续完备的个人材料是否能转化为人事档案，还要看这些材料是否具有使用价值和保存价值。精练实用是鉴别人事档案材料的一个基本要求。如果玉石不分，将没有价值的材料也归入人事档案，则可能加大保管压力，影响利用效率，实属浪费。重份材料，无关的调查证明材料，同一个问题一个人写了多次证明的部分材料，本人多次写的内容相同的检查、交代材料等都属于没有价值的材料，必须在鉴别整理过程中剔除。

（五）由各单位组织和人事部门集中统一保管

人事档案是组织上在考察和使用人的过程中形成的，记载着有关知情人为组织提供的情况。人事档案材料的内容一般只能由组织上掌握和使用，有些内容如果扩散出去可能产生负面影响，不利于安定团结和组织工作。同时，人事档案作为人事工作的工具，必须由人事部门（泛指组织部门、劳动人事或人力资源等一切管理人员的部门）按照人员管理范围分级集中统一保管。这是人事档案管理工作的基本原则，也是人事档案区别于其他档案的显著标志之一。任何个人不得保管人事档案，业务部门和行政部门也不宜保管人事档案。

二、人事档案的特点

（一）现实性

人事档案是为现实的人事管理工作服务的。人事档案记述和反映的是相对人现实的生活、学习及工作活动的情况。组织人事部门为考察了解和正确使用员工，须经常查阅人事档案。随着个人的成长，须连续不断地补充新材料，以便较好地反映其现实面貌。反映现实并为现实工作服务是人事档案的一个重要特点。

（二）真实性

人事档案的真实性是指人事档案材料从来源、内容和形式等方面都必须是完全真实的，人事档案记述的内容必须符合客观情况，不得有虚假、夸张、想象的成分，要真实地反映相对人各方面的历史与现实的全貌，做到"档如其人""档即其人"。人事档案作为组织了解和使用人的重要依据，真实性是人事档案的生命，也是其发挥作用的基础和前提。

（三）动态性

随着相对人人生道路的延伸，一些反映新信息的文件材料不断形成，包括年龄的增长、学历与学识的提高、职务与职称的晋升、工作岗位与单位的变更、奖励与处分的状况等。人事档案的动态性表现为两个方面：第一，人事档案随着个人社会实践活动的发展变化，数量不断增加，内容日益丰富。例如，在工作中，各单位对员工进行的培训、考核、任免、奖惩等活动都必然形成相应的人事档案材料；第二，人事档案会随着人员的流动或人员管理单位的变动发生转移，以实现人事档案管理与员工的人事管理相统一，便于发挥人事档案的作用。因此，人事档案应当做到"与时俱进""档随人走""人档统一"。

（四）机密性

人事档案的内容记载了人员不同时期的各方面情况，包括自然状况、个人素质、工作情况、兴趣爱好、成绩错误等。有些人员，如担任不同级别的党和国家的领导职务，或者身负外交、国防、安全、公安、司法等特殊任务，其人事档案往往涉及党和国家的机密，可能涉及单位的内部情况或个人隐私。因此，人事档案在相当长的时间内、在一定的范围内具有机密性。为了维护国家的安全、单位的利益以及个人的权益，人事档案管理要严格遵守国家的有关规定，防止失密和泄密。

（五）专门性

人事档案属于一种专门档案（专业档案）。专门档案（专业档案）是指某些专门领域产生的有固定名称形式以及特殊载体的档案的总称。人事档案是组织和人事工作部门领域形成的档案，其内容具有专门性，自成体系，反映人事管理方面的情况。人事档案具有专门的形式和特定的名称种类，如人事方面的各种登记表或考核材料等。

第三节　人事档案的作用与类型

一、人事档案的作用

人事档案是人事管理实践活动的产物，服务于组织、人事（或人力资源管理）工作，服务相对人。它是人力资源管理工作的信息库和选用人才的渠道之一，是维护个人权益和福利的法律信证，直接关系到个人和单位的切身利益。

（一）考察和了解员工的重要手段

组织和人事工作的根本任务是知人善任、选贤举能。而要知人，就要全方位地了解人。了解的方法除直接考察该人员的现状外，还必须通过查阅人事档案来全面地、历史地了解其个人经历、社会关系、工作经历、成绩、特长、奖惩情况等。可以说，人事档案能为开发人力资源、量才录用、选贤任能提供重要的信息与数据。

（二）解决相对人个人问题的凭证

由于种种原因，在现实生活中，有关部门和人员有时会对员工形成错误的认识和做法，甚至造成冤假错案或历史遗留问题。作为相对人历史与现实的原始记录，人事档案为考查、了解和处理这些问题提供可靠的线索或凭证。

（三）维护个人权益和福利的法律信证

在当今的社会活动中，许多手续的办理都需要提供人事档案。

第一，国有企事业单位在录用人才时需要人事档案做依据。这些单位在办理录用或拟调入人员手续时，必须有本人档案和调动审批表经主管部门审批，由组织和人事部门开具录用和调动通知才能办理正式手续。

第二，社会流动人员工作变化时需要人事档案做依据。流动人员跳槽到非公有部门后，又要回到公有部门时，若没有原来的人事档案，工龄计算、福利待遇等都会受到影响。

第三，社会保险工作中需要人事档案做依据。随着社会保险制度的建立和完善，在养老保险、医疗保险、生育保险、工伤保险、失业保险及退休后保险金的发放问题上，个人档案所记录的工龄、工资、待遇、职务、受保时间等都成为主要依据。如发生弃档或断档，相对人的社会保障福利将可能受到损失。

第四，报考研究生、公务员和出国都需要人事档案。相对人在办理研究生、公务员的报考和录取以及出国人员的身份认定、政审等事宜时，必须出具记录个人经历、学历和成绩的人事档案材料或相关有效的证明。

第五，职称评定、合同鉴证、身份认定、参加工作时间、离退休等都需要人事档案做信证。否则，将给相对人带来诸多不便，甚至使个人切身利益受到损害。

（四）人力资源开发、使用和预测的重要依据

人事档案能较为全面地准确反映一个人各方面的情况，因此，可以从人事档案中获得全国或某个地区、某个系统、某个单位的人力资源数量、文化程度、专业素质等方面的数据，利用相关数据进行科学的统计分析，探索出人力资源队伍的总体变化和规律，为人力资源的开发使用、合理预测和制订规划提供准确丰富的信息和依据。

（五）编写人物传记和专业史的宝贵材料

人事档案是组织和人事部门在考察和使用人的过程中形成的，其中还有相对人自述或填写的有关材料，内容真实，情节具体，时间准确。在研究党和国家人事工作、党史、军事史、地方史、思想史、专业史以及撰写名人传记等方面具有很高的史料价值，是印证历史的可靠材料。

二、人事档案的类型

传统的人事档案主要以个人身份为依据，可以划分为干部档案、工人档案、学生档案、军人档案四大类型。其中，干部档案按干部管理权限分属组织部门管理和人事部门管

理，工人档案归劳资部门管理，学生档案由学生工作部门管理，军人档案由军队人事部门管理。在这几类档案中，干部档案是主体和核心，发挥引领作用，其他类档案均参照干部档案的管理方式进行。

随着市场经济体制的建立和国家人事制度的改革，传统的人事档案分类体系已不适应现代社会发展的需要，新的分类标准应运而生。

按工作单位的性质，可分为党政军机关人事档案、企业单位人事档案、事业单位人事档案、流动人员人事档案；按职责和专业，可分为国家公务员（含参照公务员管理的单位、人民团体工作人员）档案、专业技术人员档案、职工档案、学生档案等；按工作单位的稳定性与流动性，可分为工作单位固定人员档案和社会流动人员档案；按是否在岗的情况，可分为在岗人员档案、待岗人员档案、离退休人员档案等；按载体形式，可分为纸质人事档案、磁质（软盘）人事档案、光介质（CD/DVD）人事档案、数字人事档案等。

分类管理人事档案可以了解各类人事档案的特点，做好人事档案工作有利于建立个人信用体系。各级领导和国家公务员的档案由各级组织和人事部门按管理权限建立并管理，权威性和信任度很高；科技人员、一般员工的档案由用人单位建立并管理，多以本单位职工的考核、使用、薪酬和奖惩等为主要内容，可信度高；流动人员的档案由政府指定或认定的人力资源服务机构建立并管理，一般是可信的档案材料。

第四节　人事档案的意识与工作

一、人事档案的意识

（一）人事档案意识的概念

人事档案意识是人们头脑中对人事档案和人事档案工作这一客观事物的反映和认识程度。它包括人们对人事档案和人事档案工作性质、地位和价值的认识，对人事档案和人事档案工作的重视程度，依法保护人事档案和依法管理人事档案的认识。它既包括社会上人们对人事档案和人事档案工作的认识，也包括人事档案工作者对人事档案和人事档案工作的认识。

人事档案意识是伴随着人事档案和人事档案工作的产生和发展而产生和发展的。它既可以对人事档案和人事档案工作的整个进程起巨大的推动作用，也可以起着阻碍作用。人事档案意识的这个特点决定了它在人事档案和人事档案工作中的重要作用。全社会人事档案意识的提高，人事档案事业的发展就得到了有力保证和良好的外在环境。因此，增强全社会的人事档案意识，关系到人事档案这一国家的宝贵文化财富得到妥善保护和科学管理、人事档案工作得到全面发展、人事档案信息资源充分得到开发利用的问题，切不可等闲视之。

（二）人事档案意识淡薄的表现和原因

1. 人事档案意识淡薄的表现

目前，人们的人事档案意识在整体上是淡薄的，主要表现在：

（1）不知人事档案为何物，不了解人事档案工作是干什么的。

（2）不关心、不支持人事档案工作，对此不闻不问。

（3）不知道人事档案的价值与作用，甚至认为人事档案无用，提出了"取消"和"终止"人事档案的议论。

（4）不注重人事档案的数据质量。填写表格时随心所欲，材料中的数据不尽一致，甚至弄虚作假，年龄越填越小，工龄与党龄越填越早，学历越填越高，鉴定材料满纸都是优点。

（5）档案材料不够规范。纸张大小不一，A4、16开甚至更小的，用纸、用笔、用墨不按档案管理要求办事，致使圆珠笔、铅笔、蓝墨水、复写纸书写档案材料的现象时有发生，屡禁不止。

（6）不重视档案的保护条件。不少管档单位库房保管条件差，对破损、字迹蜕变的档案材料，抢救不及时。

（7）有些单位的领导不重视人事档案工作，视之为可有可无，不能摆在应有位置上；人员不按规定配备，库房设备未能很好解决，甚至用人不看档案。

（8）机关工作人员不能正确对待人事档案，材料不及时归档，不按规章制度办事，也不够理解和支持人事档案工作。

（9）损坏、盗窃、遗失、涂抹和制造假档案的现象时有发生。

上述表现的存在，都直接或间接影响着人事档案和人事档案工作的健康发展。

2. 人事档案意识淡薄的原因

人事档案意识淡薄的原因是多方面的，归纳起来主要有：

（1）传统观念的影响。长期以来，人们只强调人事档案的机要性、保密性，给人事档案披上了一层神秘的面纱，不够了解是造成人事档案意识淡薄的客观原因。

（2）人事档案工作封闭。从古至今，人事档案保存于深宫大院，藏于密室的"石室金匮"之中。人事档案工作人员身居斗室，自我禁锢。人事档案部门与机关各部门之间往来甚少，各单位人事档案工作者之间也缺少交流，甚至不相来往。

（3）人事档案未能充分发挥作用。人事档案虽然是重要的信息资源，但作用是潜在的。未充分发挥作用时，社会和人们都不了解它，从而忽视人事档案和人事档案工作。

（4）没有宣传和宣传不够得力。人事档案工作具有保密性，所以，很少向机关或社会上宣传，缺少知名度，人们不了解，必然导致人事档案意识淡薄。

（5）管理水平、管理手段和观念滞后。

（三）强化人们人事档案意识的途径

人事档案意识是人事档案工作赖以存在和发展的基础。人事档案工作不是一个完全封闭的系统。它的存在与发展，受社会、机关领导者与档案形成者（包括机关与相对人）的制约，其制约作用主要表现在三个方面：一是为人事档案工作提供生存环境，这包括组织、人事、劳动部门对人事档案工作的重视与关心程度，也包括社会和组织人事、劳动部门所提供的人、财、物条件；二是组织、人事、劳动部门和各相关部门及档案形成者个人，爱护、积累和向人事档案部门输送、移交人事档案并确保其质量；三是社会各方面包括档案形成者（机关与相对人）利用人事档案的意识。在当前的条件下，人事档案工作的发展主要取决于领导重视与人事档案工作者的观念、素质和干劲，但又在很大程度上受制于社会与档案形成者的社会档案意识。

人事档案意识的形成，是内因和外因相互作用的必然结果。人事档案意识，只有在一定的客观社会活动中，在社会舆论的熏陶和档案知识的普及下，通过个人的自觉锻炼和修养，才能逐步形成。

1. 强化宣传是增强人事档案意识的重要手段

开展人事档案宣传工作，能够增强社会、机关领导、广大干部职工和群众的档案意识，可以使人事档案工作更好地为组织、人事、劳动工作服务，为社会主义事业服务。宣传形式应采取以下几种：利用互联网、广播、电视、报刊等进行宣传，举办档案展览和宣传在精神文明建设中做出突出贡献的优秀人事档案工作者，充分利用《中国档案报》与全国几十个档案刊物这块阵地，把宣传工作纳入目标管理和考评。宣传内容包括：什么是人事档案，人事档案材料的收集归档范围，人事档案与形成者的关系，人事档案工作的性质、作用、政策法规，利用的制度与手续，宣传利用人事档案取得重大社会效益与经济效益的事例。通过宣传使人们认识到，人事档案是组织上考察了解和用人、培育人的重要工具，是开发人才信息资源的源泉，是研究和撰写各类史志、人物传记的宝贵史料，是维护档案形成者本人权益和帮助自我发展的重要材料，使人们理解、重视和支持人事档案工作。

2. 强化各级领导的人事档案意识是重点

人事档案人员要抓住各种有利时机，把党和国家有关人事档案工作的法律、方针政策和法规制度等灌输给领导，提高其对人事档案工作的认识，自觉把人事档案工作列入自己的议事日程。同时，档案人员要向领导勤请示、多汇报，善于利用人事档案工作中正反两方面的经验教训，加强领导对人事档案工作的感性认识，从而使其关心和支持人事档案工作，让领导经常到人事档案工作部门看看，帮助解决人事档案工作中的实际问题，经常在会议上提及人事档案工作，使人事档案工作广为人知，扩大影响面。

3. 发挥人事档案的作用是增强人事档案意识的关键

人们对人事档案的作用与价值知之甚少，人事档案袋内究竟装了什么，是人们想知道而又无法知道的，因神秘就只能敬而远之。因此，充分发挥人事档案的作用与价值，通过活生生运用人事档案取得效益的实例，让人事档案的作用看得见、摸得着。它既能提高人事档案与人事档案工作的知名度，更是增强人们的人事档案意识的关键所在。

4. 强化组织人事部门与相关部门的人事档案意识是确保人事档案质量与及时归档的前提

组织、人事、劳动及相关部门，既人事档案的形成者，又人事档案的归档者，还是人事档案的利用者。因此，要采取多种行之有效的方法，在组织、人事、劳动工作者与相关人员中，宣传党和国家有关人事档案工作的方针、政策、法规和制度，宣传人事档案工作的作用及工作中正反两方面的经验教训，逐渐改变人们薄弱的人事档案意识，增强档案法治观念，在工作活动中主动做好人事档案材料的形成、积累和归档工作，纳入自己的工作范围和目标，并落到实处。在选人、用人、育人中坚持要查阅和利用人事档案的传统。只要上述部门和广大人事工作者的档案意识有所增强，人事档案的质量与及时归档集中保存就会有可靠保证。

5. 强化人事档案相对人的人事档案意识，为人事档案和人事档案工作的顺利发展奠定坚实的社会基础

人事档案的形成目的具有双重性，既是为组织人事工作服务，又是为人事档案的相对

人服务。人事档案既是维护相对人合法权益的凭证，又与个人的前途和命运息息相关。

因此，在人事档案工作中，应贯彻"以人为本""立档为民"，建立和谐社会的思想。人事档案部门除了做好宣传工作外，还要重视在人事档案的形成过程中，与相对人的互动和沟通，消除不必要的疑虑，增强信任感与归属感，使相对人乐意将自己的材料放在这个"家"中，信任人事档案部门能管好、用好自己的人事档案。从今后的发展趋势来看，随着我国公民的民主权利的进一步增强，人事档案内容与管理方法的改变，人事档案为相对人的合法权益的实现服务方面将会得到进一步增强。人事档案工作定会得到数以亿计的人事档案相对人的关心、爱护和支持，从而为人事档案工作的顺利开展奠定坚实的社会基础。

6. 强化人事档案人员的人事档案意识是做好人事档案工作的有力保证

人事档案工作归根到底要依靠人事档案人员去做，只有强化档案人员的档案意识，才能做好档案工作。为此，首先，要教育人事档案人员树立正确的世界观、人生观、价值观，提高为档案事业建功立业的责任心，淡泊名利，甘当配角，牢固树立全心全意为人民服务的精神；其次，要进一步解放思想，创新思想观念，创新工作制度，在创新工作方法和手段上下功夫，在发挥人事档案的价值和作用方面下大力气，做大文章，让人事档案工作在服从于、服务于改革开放，在为组织、人事工作服务，在为经济建设和社会进步中做出实实在在的贡献，发挥实实在在的作用。

二、人事档案的工作

人事档案管理在人事管理中具有结果性和前端性的双重属性。一方面，人事管理产生的结果在人事档案中予以记录和保存；另一方面，人事管理手段的实施要以人事档案的记录为基础信息和依据。可见，人事档案工作是人事管理工作的一个组成部分，起着重要的承上启下和信息支撑作用。同时，人事档案工作也是一项专门的档案管理工作，有特殊的管理内容和要求。

（一）人事档案工作的内容

目前，我国人事档案工作的组织体系是：各级组织、人事、劳资部门同时又是人事档案管理部门，按照统一领导、分级管理的原则，对人事档案实施具体的管理。例如，一个公司的人力资源部既从事人事管理工作，又管理人事档案。人事档案工作的内容主要有：①登记人员变动和工资变动情况；②收集、鉴别和整理人事档案材料，充实人事档案的内容，为单位人力资源开发、使用和管理提供依据，为国家积累档案史料；③保管人事档案，保证人事档案的完整与安全；④提供人事档案利用服务和咨询工作；⑤做好人事档案的接收和传递，确保人档统一；⑥定期向档案室（馆）移交死亡人员档案。

（二）人事档案工作的要求

人事档案的管理在总体上要贯彻档案工作的基本原则，并有如下具体要求：

第一，根据人事管理的权限，集中统一管理人事档案。我国的人事档案实行集中统一、分级管理制，即一个单位的人事档案管理部门必须将属于本单位管理的人员的人事档案全部集中起来，按照有关规定统一管理。单位人事部门和其他部门形成的人事档案，都要交由本单位人事档案管理部门集中进行鉴别、立卷等工作。根据这一原则，不允许将在一级人事管理权限内的人事档案分若干处保存，也不允许非组织和人事部门或非档案管理部门管理人事档案，任何个人都不得私自保存人事档案。

第二，维护人事档案的真实、完整与安全。人事档案管理部门在收集、鉴别人事档案时，应认真执行有关规定，严格把关，保证归档材料的真实、完整；在管理中必须执行党和国家的保密制度；同时加强技术保护，防止人为和自然因素对人事档案的损坏，确保人事档案的安全和完整。

第三，便于人事工作和其他有关工作的利用。人事档案管理工作的目的是为单位人力资源开发和管理服务，以充分地调动干部、职工的积极性，这可以看作是人事档案工作的基本指导思想。为此，人事档案管理工作应以本单位的发展目标和工作需要为中心，积极配合做好各项工作。

第二章 | 人事档案的日常管理

第一节　人事档案的收集与鉴别

一、人事档案的收集

(一) 收集工作的地位及分类

1. 收集工作在人事档案工作中的地位

所谓收集工作，就是将有关个人的、分散的人事档案材料集中起来的工作。人事档案不是由人事档案部门自行产生的，也不是由人事档案工作者自己编写的，而是由人事档案部门通过各种渠道将所管人员历史上形成的和新近产生的人事档案材料收集起来整理而成的。

人事档案材料的收集是取得和积累分散的人事档案材料的一种手段。收集工作既是人事档案工作的起点，又是贯穿于人事档案工作始终的一项经常性工作，在人事档案工作中具有重要的地位和作用。

(1) 收集是人事档案工作的基础。收集工作是人事档案工作的基础和首要环节，为整个人事档案管理和建设提供客观的物质对象。没有收集工作，人事档案工作就是无米之炊、无源之水、无本之木。人事档案的整理、保管和利用都是在收集的基础上进行的。收集工作质量的好坏直接影响人事档案工作的其他环节。如果材料收集不完整、有头无尾或者有尾无头，只是一些零散杂乱、价值不大的材料，就会给鉴别和整理带来很大困难，有的甚至需要返工；如果一个人的档案分散在不同地方，就无法集中统一地进行保管；如果材料收集残缺不全，同样会给查阅档案、提供证明等情况造成不便，影响利用工作任务的完成。

(2) 收集是人事档案发挥作用的前提。人事档案发挥作用的首要条件是人事档案材料收集的齐全完整、内容充实，能全面真实地反映一个人的历史和现实全貌。做到"档如其人""档即其人"，横观人事档案材料，是一个人从事某项工作或某一阶段方方面面的真实记录；纵观人事档案材料，是对一个人一生经历和表现的全面记载。只有这样，人事档案才能为组织、人事部门更好地了解和使用人才提供信息和依据，为相对人维护个人权益和福利提供法律信证，为编写人物传记和专业史提供丰富的宝贵材料。反之，如果人事档案材料散存于形成单位或个人手中，必然造成人事档案信息的残缺和中断，无法如实地反映一个人的本来面目。当组织需要查考时产生无档可查，或查了也不能解决问题的现象，影响组织对人才的正确评价和使用，甚至可能导致错用人或埋没人，使个人的职业发展和应有福利受到损失。

（3）收集是实现人事档案集中统一管理的基本途径。人事档案材料来源的分散性及形成的零星性是与人事档案集中使用的要求相矛盾的。收集工作，可以将分散在不同部门和不同时期的人事档案材料集中起来，因此，收集解决了人事档案材料分散形成和集中使用的矛盾，是实现人事档案集中统一管理的基本途径。

2. 收集工作的分类

人事档案材料的收集工作贯穿于人事档案工作的始终，根据时间先后划分，可将人事档案材料的收集分为整前收集和整后收集两类。

（1）整前收集。整前收集是人事档案整理之前的收集工作，特点是具有突击性和一次性。整前收集为整理提供了原材料，是整理工作的重要前提和基础。因此，整前收集应尽可能地一次性收集齐全，否则，将影响整理工作的质量，也将增加工作量。

（2）整后收集。整后收集是人事档案经过整理之后对新形成的材料进行收集的工作。作为一种补充性的收集工作，整后收集除了有计划、广泛地、及时地收集有关部门新形成的材料外，还可根据工作需要和档案中缺材料的情况，布置个人填写履历表、撰写自传或进行鉴定工作，并将这些材料补充进人事档案。

（二）收集工作的要求

1. 保质保量

数量足、质量优是人事档案收集工作的一项重要指标。既要达到一定的数量，又要重视归档与接收前的认真审核，只收集属于人事档案范围的、有保存价值的材料，保证人事档案的精练和优化。

2. 主动及时

人事档案材料的产生和形成涉及许多单位和部门。在实际工作中，由于种种原因，人事档案材料形成部门未能及时送交应归档材料，人事档案管理部门认为有了文件规定就坐在办公室等形成部门主动把材料转递过来，或等到材料堆积如山时才催促归档和收集，这些做法都是不可取的。人事档案管理部门应有很强的时间观念，要做到工作不拖拉、材料不积压，同时，要主动与材料形成单位取得密切联系，走出办公室，通过各种方式和方法，尽快将所形成的、新发现的人事档案材料收集起来，及时归入相对人的档案中。

3. 安全保密

在人事档案材料收集过程中，要注意人事档案材料的物质安全和内容安全，不丢失损坏，不失密泄密。如果在材料归档转递中，材料丢失了，有的将很难补救，会造成相对人某一时期或某一事件上材料的空白，影响档案作用的发挥；如果材料破损，将影响档案的使用寿命，修复也费时费力，有的还难以恢复原貌；如果人事档案的内容让无关的人知道甚至扩散出去，既会违反保守国家机密的原则，又会侵犯个人的隐私权，对组织和相对人都会造成损害。因此，人事档案管理人员和相关人员必须高度负责，严格归档和转递手续，防止档案损坏、丢失和失密、泄密现象的发生。

4. 客观公正

在人事档案材料收集过程中，必须以客观真实、变化发展和完整全面的思想为指导，做到符合事实、公正客观、准确无误，方可发挥其凭证、参考作用。

（三）收集工作的方法

1. 明确人事档案材料收集的范围

人事档案材料的收集必须有明确的范围。每个人在社会实践活动中形成的材料是多方面的，有的属于文书档案或其他专业档案的范围，只有一部分属于人事档案。根据各类档案的特点与属性，准确划分各自的收集范围，可以避免错收、漏收，这是做好收集工作的先决条件。从内容上看，人事档案需要收集的基本材料包括：

（1）履历材料。履历表和属于履历性质的登记表。

（2）自传材料。自传和属于自传性质的材料，领导干部个人有关事项发生变化的报告表等材料。

（3）鉴定、考核、考察材料。组织审定的各类鉴定材料（学生的表现鉴定、工作调动鉴定、挂职鉴定、转业鉴定等）；在重大政治事件、突发事件和重大任务中的表现材料；定期考核材料，年度考核登记表，援藏、援疆、挂职锻炼等考核材料、后备干部登记表（提拔使用后归档）等材料；审计工作中形成的经济责任审计结果报告。

（4）学历、学位、培训、专业技术职务材料。学历学位材料：高中毕业生登记表，中专毕业生登记表，普通高等教育、成人高等教育、自学考试、党校、军队院校报考登记表，入学考试各科成绩表，研究生推免生登记表，专家推荐表，学生（学员、学籍）登记表，学习成绩表，毕业生登记表，授予学位的材料，毕业证书、学位证书复印件，党校学历证明，选拔留学生审查登记表等参加出国（境）学习和中外合作办学学习的有关材料，国务院学位委员会、教育部授权单位出具的国内外学历学位认证材料等。培训材料：为期两个月以上的学员培训（学习、进修）登记表、考核登记表、结业登记（鉴定）表等材料。职业（任职）资格材料：职业资格考试合格人员登记表或职业（任职）资格证书复印件，教师资格认定申请表等材料。评（聘）专业技术职称（职务）材料：专业技术职务任职资格评审表、申（呈）报表，聘任专业技术职务审批表等材料。反映科研学术水平的材料：当选为中国科学院院士、中国工程院院士的通知，遴选博士生导师简况表，博士后工作期满登记表；被县处级以上党政机关、人民团体等评选为专业拔尖人才的材料；科研工作及个人表现评定材料，业务考绩材料；创造发明、科研成果鉴定材料，著作、译著和有重大影响的论文目录。

（5）政审材料。审查工作形成的调查报告、审查（复查、甄别）结论、上级批复、本人对结论的意见、检查、交代或情况说明材料，撤销原审查结论的材料以及主要依据与证明材料；入党、入团、参军、入学、出国或从事特殊职业等的政审材料；更改（认定）姓名、民族、籍贯、国籍、入党入团时间、参加工作时间等材料；个人申请、组织审查报告及主要依据与证明材料、上级批复；计算连续工龄审批材料等。

（6）党团材料。中国共产党入党志愿书、入党申请书、转正申请书，整党工作、党员重新登记工作中民主评议党员的组织意见，党员登记表，党支部不予登记或缓期登记的决定、上级组织意见，不合格党员被劝退或除名的组织审批意见及主要依据材料，取消预备党员资格的材料，退党、自行脱党材料，恢复组织生活（党籍）的有关审批材料；中国共产主义青年团入团志愿书、申请书、团员登记表、退团材料；加入或退出民主党派的材料。

（7）表彰奖励材料。县处级以上党政机关、人民团体等予以表彰、嘉奖、记功和授予荣誉称号的审批（呈报）表、先进人物登记（推荐、审批）表、先进事迹材料，撤销奖励的有关材料等。

（8）涉纪涉法处分材料。处分决定，免予处分的意见，上级批复，核实（调查、复查）报告及主要依据与证明材料，本人对处分决定的意见、检查、交代及情况说明材料，解除（变更、撤销）处分的材料，检察院不起诉决定书，法院刑事判决书、裁定书，公安机关做出行政拘留、限制人身自由、没收违法所得、收缴非法财物、追缴违法所得等的行政处理决定等。

（9）录（聘）用、任免、调动、转业、工资、待遇、出国、退（离）休、辞职（退）材料及各种代表会代表登记表等材料。招录、聘用材料：录（聘）用审批（备案）表，选调生登记表及审批材料，选聘到村任职高校毕业生登记表，应征入伍登记表，招工审批表，取消录用、解聘材料。任免、调动、授衔、军人转业（复员）安置、退（离）休材料：干部任免审批表及相应考察材料，干部试用期满审批表，公务员登记表，参照公务员法管理的机关（单位）工作人员登记表，公务员调任审批（备案）表，干部调动审批材料，援藏、援疆、挂职锻炼登记（推荐）表，授予（晋升）军（警）衔、海关关衔、法官和检察官等级审批表，军人转业（复员）审批表，退（离）休审批表等材料。辞职、辞退、罢免材料：自愿辞职、引咎辞职的个人申请、同意辞职决定等材料，责令辞职的决定，对责令辞职决定不服的申诉材料、复议决定，辞退公务员审批表、辞退决定材料，罢免材料。工资、待遇材料：新增人员工资审批表、转正定级审批表，工资变动（套改）表、提职晋级和奖励工资审批表或工资变动登记表，工资停发（恢复）通知单，享受政府特殊津贴的材料，解决待遇问题的审批材料。出国（境）材料：因公出国（境）审批表，在国（境）外表现情况或鉴定等材料，外国永久居留证、港澳居民身份证等的复印件。党代会、人民代表大会、政协会议、人民团体和群众团体代表会议、民主党派代表会议形成的材料：委员当选通知或证明材料，委员简历，代表登记表等。

（10）其他材料。健康检查和处理工伤事故材料：毕业生体检表、录用体检表，反映严重慢性病、身体残疾的体检表，工伤致残诊断书，确定致残等级的材料。治丧材料：悼词、生平、讣告、死亡通知单、非正常死亡调查报告及有保存价值的遗书等材料。干部人事档案报送、审核工作材料：干部人事档案报送单，干部人事档案有关情况说明等材料。毕业生就业报到证（派遣证），人事争议仲裁裁决书（调解书），公务员申诉处理决定书（再申诉处理决定书、复核决定），再生育子女申请审批表等有参考价值的材料。

上述收集范围是依据《干部人事档案材料收集归档规定》总结的法定收集范围，随着新形势的发展，还可能产生以前没有的新材料，例如，2018 年中共中央办公厅印发的《干部人事档案工作条例》第十九条所提到的"廉洁从业结论性评价""人民法院认定的被执行人失信信息"等"廉洁""诚信"方面的材料就是适应新时代工作发展需要而增加的。不同类别人员档案材料收集的侧重点也会有所差异。因此，对新形成或未列入以上范围的材料，要做认真分析，若属于记载员工情况且对考察了解员工有一定参考价值的，应积极向上级组织部门反映，以便对收集归档规定进行修改和补充。

2. 疏通人事档案材料来源的渠道

人事档案材料来源多、涉及面广，凡与人员管理活动发生关系的单位或部门都有可能产生人事档案。从形成主体看，既有个人形成的，也有组织上形成的；从形成过程看，既有在现实工作中由组织和个人自然形成的，也有组织上为了解个人专门情况而布置填写的。因此，要将一个人的所有档案材料全部收集起来，首先必须弄清材料来源，疏通收集渠道，与形成人事档案材料的相关单位建立紧密的工作联系。

（1）单位形成的人事档案材料

第一，各级组织、人事部门是人事档案材料形成的主渠道。收集个人的履历表、简历表、登记表等反映个人经历的材料，自传材料，鉴定书、鉴定表以及其他各种鉴定材料，考核考绩材料，政审材料，招工、提干审批表，职务任免呈报表，调动工作登记表，退职、退休、离休审批表及登记表，工资调整审批表，晋升技术职称等审批材料。

第二，党团组织和政府机关。收集个人的入团申请书、入团志愿书、入党申请书、入党志愿书、转正申请书以及入团、入党时组织上关于本人历史和表现及家庭主要成员、社会关系情况的调查材料；入团、入党、党内外表彰等方面的材料以及统一布置填写的各种履历表、自我鉴定、登记表等材料。

第三，纪检、监察、公安、检察院、法院、司法部门。收集个人违犯党纪国法而形成的党内、外处分，取消处分，甄别复查平反决定，判决书复制件及撤销判决的通知书；个人检查以及判决书等方面的材料。

第四，人大常委会、政协等有关部门。收集人大代表登记表、政协委员登记表等材料。

第五，科技、业务部门。收集反映个人业务能力、技术发明、技术职务评定和技术成果评定的材料，包括评聘专业技术职务（职称）的申报表、评审表、审批表，晋升技术职称、学位、学衔审批表，技术人员登记表，考试成绩表，业务自传，技术业务的个人小结以及组织评定意见，创造发明和技术革新的评价材料，考核登记表，重要论文篇目和著作书目等材料。

第六，教育、培训机构。收集个人在校学习时形成的报考登记表、学生登记表、成绩表、鉴定表、毕业生登记表、授予学位的材料、奖励和处分等方面的材料。

第七，部队有关部门和民政部门。收集地方干部兼任部队职务方面的审批材料、复员和转业军人的档案材料。

第八，审计部门（或行政管理部门）。收集干部个人任期经济责任审计报告或审计意见等材料。

第九，统战部门。收集干部参加民主党派的有关材料。

第十，卫生部门。收集健康检查和处理工伤事故中形成的有关材料。

此外，还可以通过各种代表大会收集代表登记表、委员登记表等材料；通过个人原工作单位收集有关文件明确规定的应该归入个人人事档案的材料；通过亲属和社会关系所在单位收集有关落实政策情况的材料。

（2）个人形成的人事档案材料。主要指通过人事档案相对人个人形成的档案，因主体不同，材料内容也有所差别（表2-1）。①

表2-1　相对人个人形成的人事档案材料

种类	主要材料
干部档案	自传及属于自传性质的材料、干部履历表、干部登记表、自我鉴定表、干部述职登记表、体检表、创造发明、科研成果、著作和论文目录、入党（团）申请书、党（团员）员登记表等
工人档案	求职履历材料、招工登记表、体检表、职工岗位培训登记表、工会会员登记表、入党（团）申请书、党（团员）登记表等
学生档案	报考登记表、学生登记表、毕业生登记表、学习鉴定表、体检表、学历（学位）审批表、入党（团）申请书、党（团员）登记表等

所谓疏通收集渠道，就是要做好联系和指导工作。人事档案工作人员应主动与上述有关单位保持联系，向他们宣传收集工作的意义、收集范围及注意事项。例如，有的单位担心提交材料后自己工作不方便，可以建议他们复制一份留存备用，将原件送交人事档案部门归档；有的单位人员不懂人事档案的知识，不清楚哪些材料需要归档，可以通过培训、发文或个别指导的形式给予辅导。此外，人事档案工作人员应主动走出去，协助和指导有关单位做好档案材料收集工作。

3. 掌握人事档案材料形成的规律

人事档案材料的形成是有规律可循的，掌握了材料形成的规律，就可以掌握收集工作的主动权，高效率地做好收集工作。

（1）时间规律。许多人事档案材料的形成具有一定的时间规律。例如，每年五一劳动节，各级工会组织要表扬一批劳动模范、先进生产者；每年五四青年节，各级团委要表彰一批优秀团员、青年积极分子；每年七一建党节，各级党组织要评选和表彰一批优秀党

---

① 李晓婷. 人事档案管理实务 [M]. 2版. 上海：复旦大学出版社，2019：52.

员；每学期期末或教师节，学校要评选和表彰一批三好学生、优秀班干部、优秀教师或先进教育工作者；每年年终，不少单位会结合总结工作，评选年度优秀员工、先进工作者。上述活动中，必然形成一批反映个人先进事迹的材料；每到毕业季，必然形成一批有关大、中专毕业生的毕业就业材料；每当机构重组、职务变动、工资调整，必然形成一批人员任免和工资调整的材料；每当党代会、人民代表大会的换届选举，也会产生一批人事档案材料。若能掌握人事档案材料形成的时间规律，就可以在此时间之后，及时将所形成的人事档案材料收集起来，防止因时过境迁而造成人事档案材料的遗失或损坏。

（2）信息规律。人事档案材料是事后的记录和信息的载体。人事档案所记载的内容和事件的消息必然要在一定范围内传播。所谓收集工作的信息规律，就是要把这些消息和人事档案材料的产生联系起来，判断哪些消息或其反映的情况可以产生人事档案材料，从而及时进行收集工作。有关人员也要多与人事档案工作人员互通情报、提供消息，以便完整地收集各方面的人事档案材料。例如，听到党代会、人民代表大会召开的信息，就要及时收集会议形成的代表登记表和一批干部的任免情况；听到某领导班子调整、一批人员的任免通知，就要及时索要有关的任免呈报表或调整工资审批表；听到某系统召开先进模范表彰大会，就要主动索要所管人员的事迹材料；听到一批新党员、团员宣誓，就要及时收集他们的入党、入团材料；听到某人晋升了专业技术职称，就要收集其晋升审批表；听到某人逝世或召开追悼会的消息，就要注意收集他的悼词和死亡报告表。

（3）变化规律。人事档案具有动态性。所谓变化规律，就是根据某些情况的变化来推知可能要形成相应的人事档案材料。例如，新近填写的履历表或登记表中单位或职务变化了，就必然形成任免呈报表或调动登记表；文化程度变了，就必然形成新的学历材料。当然，有的内容变化并不一定就形成了材料，可能是本人未经组织审查批准自行修改的，也可能属于误填，应具体情况具体分析。

4. 建立人事档案收集工作制度

人事档案材料的收集是一项贯彻始终的经常性工作，将行之有效的做法用制度的形式加以固定，可以巩固并加强收集工作。

（1）归档制度。归档制度是关于将办理完毕的人事档案材料移交人事档案管理机构或档案专管人员保存的规定。其内容包括归档范围、归档时间、归档要求。

归档要求人事档案管理部门严格审核归档材料是否办理完毕，是否对象明确、齐全完整、文字清楚、内容真实、填写规范、手续完备。归档材料一般应为原件，证书、证件等特殊情况须用复印件存档的，必须注明复制时间并加盖材料制作单位公章或干部人事关系所在单位组织（人事）部门公章。归档材料的载体使用国际标准 A4 型的公文用纸，字迹材料应当符合档案保护要求。

（2）催要制度。催要制度是指人事档案管理部门在日常工作中不能完全坐等材料形成部门主动送交人事档案材料，也不能送多少就收多少，应当经常与有关部门进行联系，主动催促并索要应归档的人事档案材料。如果有关单位或部门迟迟未交，人事档案管理部门应及时发函、打电话、下催要通知单或网上通知、登门催要，做到口勤、手勤、脚勤，以防漏收某些材料。

（3）联系沟通制度。《干部人事档案材料收集归档规定》第三十一条明确指出："干部人事档案管理部门应当建立联系制度，及时掌握形成干部人事档案材料的信息，主动向干部人事档案材料形成部门、干部本人和其他有关方面收集干部人事档案材料。"有的地区建立了联席会议制度①，定期召开联席会议，了解研究收集工作情况，及时发现并解决收集工作中的问题，督促材料形成部门按时送交应归档材料，效果显著。

（4）检查核对制度。为了对所管人事档案材料心中有数，人事档案管理部门应根据所管辖人事档案的数量状况，在每季度、半年或一年对人事档案进行一次检查核对。如果发现由于同名同姓或张冠李戴而错装错收的材料，应及时加以纠正；因人员工作调动或管理权限变动，应予转出的材料及时转至有关部门；不符合归档要求的材料，退回形成单位重新制作或补办手续；不属于归档范围的材料，退回原单位处理；发现缺少的材料，及时填写补充材料登记表，以便继续收集和补充。

（5）及时登记制度。为了便于了解收集工作情况，避免人事档案材料的重复收集和盲目收集，防止材料的遗失、散落，人事档案管理部门应做好档案材料的收集登记制度。现行的收集登记有两种：一种是收文登记，即将收到的材料在收文登记簿上逐份登记；另一种是移交清单，由送交单位填写，作为转出或接收的底账，人事档案管理部门留一份保存起来，年终装订成册，以便检查核对。

（6）随时补充制度。人事档案是一种动态性和延展性很强的专门档案，它会随相对人的成长而形成新的材料。为便于组织全面、历史地掌握员工的情况，人事档案管理部门应根据工作需要和档案材料的短缺情况，不定期地统一布置填写履历表、登记表、自我鉴定、体检表等，以便随时补充人事档案材料。在利用信息系统时，应将收集到的材料及时补充录入，更新系统信息；信息系统收到重要的人事档案时，也需要将电子档案制成纸质硬拷贝保存。这样的双向过程，可使系统的信息管理和实体档案管理基本保持同步。

---

① 联席会议是指没有隶属关系但有工作联系的单位或部门，为了解决法律没有规定或规定不够明确的问题，由一方或多方牵头，以召开会议的形式，在充分发扬民主的基础上，达成共识，形成具有约束力的规范性意见，用以指导工作，解决问题。

二、人事档案的鉴别

人事档案鉴别是指按照一定的原则和方法，对收集的档案材料进行审查，甄别其真伪，判断其有无保存价值，确定是否归入人事档案。

（一）鉴别工作的意义

人事档案材料的鉴别工作是归档前的最后一次审核，决定着人事档案材料的命运。鉴别工作的好坏，直接决定着人事档案质量的优劣和能否正确地发挥作用，对贯彻和落实人事政策也有一定的影响，是维护人事档案真实性和完整性的重要手段。

1. 鉴别是对文件材料进入人事档案的最后关口

收集来的文件材料是杂乱无序的，有的属于人事档案材料，有的属于非人事档案材料；有的内容真实准确，有的内容不实有误；有的材料齐全完整，有的缺头少尾；有的具有查考价值，有的则毫无用处；有的材料手续完备，有的则手续不全；有的观点鲜明，有的则含糊其词。如果良莠不齐，有文必档，势必使人事档案冗余庞杂，影响人事档案的质量、保管和查找利用。因此，应对收集来的材料进行认真鉴别，取舍有据。

2. 鉴别是系统整理的基础和前提

对收集来的文件材料进行审核、辨别，去伪存真，将具有使用价值和保存价值的材料归入人事档案，将不应归档的材料剔除、销毁或转交有关部门处理，是进行系统整理的基础和前提。如果略去这一环节，不该归档的没有清理出去，该归档的又没有收进来，很可能因材料杂乱而影响整理工作的速度和效率；因错归错放而影响人事档案的质量和作用的发挥，甚至影响后面的诸环节，造成整个工作的全部返工，欲速则不达。

3. 鉴别有利于人事档案其他工作的开展

鉴别对人事档案其他工作的开展也具有积极的促进作用。鉴别可以促使档案人员重视人事档案材料的质量，能发现哪些材料不全，以便及时收集和补充，同时还可以提高收集工作在来源上的质量，不至于把一些不必要的、没有价值的材料都收集起来。通过鉴别，把那些不需要归档的材料剔除出去，减少档案材料的数量和厚度，可以节约库房面积，改善保管条件，有利于人事档案的保管工作。鉴别工作中如果能做到取舍恰当合理，就能保证人事档案的真实性和精练性，方便查找和利用，为组织、人事工作提供准确的依据。

4. 鉴别是正确贯彻人事政策的一项措施

通过鉴别，将已装入人事档案中的虚假不实材料剔除出去，使保存下来的人事档案材料真实可靠，方能消除隐患，为落实人事政策提供正确的依据，更好地为人事工作服务。

5. 鉴别有利于应对突发事件

战争、水灾、火灾、地震等天灾人祸往往突发性强，难以预料。如果通过鉴别，能对人事档案价值进行区分，一旦遇到突发事件，可以及时、迅速地对重要档案进行抢救、保护和转移。否则，如果不区分有无价值及价值大小，遇到突发事件就会束手无策，不能及时抢救珍贵和具有重要价值的人事档案，导致玉石俱毁。

(二) 鉴别工作的内容

鉴别工作是一项政策性很强的工作，必须遵循"取之有据、舍之有理"的原则。归入人事档案的材料要有依据，符合有关规定；决定剔除的材料要有足够的正当理由，尤其是准备销毁的材料，必须慎之又慎，切不可草率从事。人事档案鉴别工作的内容大致包括以下三个方面：

1. 判断材料是否属于人事档案

由于各种原因，人事档案管理部门收集的材料有些是人事档案材料，有些则属于文书、业务考绩或案件等档案内容的材料。有的档案材料应该归档，有的应该归本人保存，有的则应转交有关部门处理。鉴别工作的任务之一就是将人事档案材料和非人事档案材料严格区分开来，各归其位。

例如，党和国家领导人的信件、讲话、工作报告、请示报告、来往文书、会议记录、汇报材料、信函等属于文书档案；著作、论文、技术工作小结、工作量登记表等属于业务考绩档案；入党、入团时的支部会议讨论记录，预备党员考察表和申请人阶段性思想汇报材料，未被批准的入党、入团申请书应分别由员工所在单位的党团基层组织保存；学生证、毕业证、职业资格证、会员证、出国护照、奖状、任命书等各种证件以及不作为结论依据的个人信件、日记等应退还本人。

2. 判断材料是否属于本人

以个人为立卷单位是人事档案的属性之一。通过鉴别，核实清楚人事档案的对象，避免因同名同姓而张冠李戴、错归错装，或一人多名而将档案材料身首异地。

(1) 同名异人。我国同名同姓的人很多，稍有不慎，容易将这个人的材料装入另一个人的档案中，而且很难发现。防止上述错误的有效方法是逐份地认真核对材料，尤其是查看籍贯、性别、出生年月、工作单位、入党（团）时间、参加工作时间、家庭成员和主要社会关系、学历、职务、工资级别等情况是否相同，主要经历是否一致。同姓名的人只会在某些方面相同，不会所有情况都一样，尽可能多看些项目，仔细核对，互相印证，就能区别开来。一旦发现同名异人的材料，应及时取出并注明原因。

（2）一人多名。有的人在不同时期有不同的名字，如乳名、学名，还有人有字号、笔名、化名、别名，如果不认真辨认，就很容易使同一个人的档案材料身首异地，给查找和使用带来困难。辨别这种情况的方法有三种：第一，核对后期材料姓名栏内的曾用名，是否有与前期原名相同的名字；第二，清查档案内是否有更改姓名的报告和审批材料；第三，将不同姓名的人的材料内容进行核对，看看每份材料的年龄、籍贯、经历等情况是否相同。

（3）有关而实属他人的材料。有些材料从形式上看好似是此人的，其实是他人的。例如，材料是此人写的，但内容是别人的事；材料中提及此人，主要内容却是他人的材料。对于这种材料，要从内容和用途去辨认。从内容上，无论材料是什么人形成的，只要材料内容叙述的是此人的问题并与其人事档案中的其他材料有内在联系，彼此不可分割，就是此人的材料。从用途上看，形成材料是为了什么目的，如一份调查、证明材料、揭发检举材料，看是调查谁、证明谁和揭发谁的问题，就是谁的材料。

3. 判断材料是否符合归档条件

鉴别工作还要求归档的材料符合下列条件：

（1）真实准确。真实性是人事档案的生命。人事档案工作必须实事求是，来不得半点虚假和含糊。在鉴别工作中，一旦发现内容不实、观点不明、表达含糊不清或相互矛盾的材料，应立即退回形成单位核实或修改。

人事档案材料的真实准确，贯穿于整个材料的形成过程，通过鉴别虽然不能从源头上解决，但可以将不真实、不准确的材料拒之于归档大门之外。日常工作中不真实、不准确的材料主要有：①伪造的材料。极少数人通过各种非法手段，将伪造的虚假学历、履历材料甚至入党材料塞进人事档案中而迅速发迹起来。一经发现伪造材料，无论归档与否都要剔除并销毁，还应依据《中华人民共和国档案法》及相关法规追究造假者的法律责任；②涂改的材料。有个别人涂改学历证明材料的姓名，把初级职称改为中级职称，涂改"三龄"材料，像弹簧一样，年龄越改越小，工龄、党龄越改越长。如发现涂改材料要立即纠正，恢复其本来面目，并追究涂改者的责任；③内容不准确、不真实的材料。如历次填表中前后数据不一致的材料，考察考核材料中夸大业绩或隐瞒缺点的材料；相互矛盾或前后不一致的证明材料和检查、交代材料等，应查证核实或退回本人；④观点不明确的材料。人事档案材料所体现的观点必须客观明确，不能模棱两可，更不能自相矛盾。鉴别时，应通观材料内容，凡发现观点不明确或自相矛盾的材料，都不能归入人事档案；⑤不能作为依据的无效材料。例如，国家不承认学历范围的学校颁发的学历证明材料；个人为证明某一情况或问题私自索要的证明材料；只是意向与讨论研究某人拟任某职，并未上报审批，或上报审批未批准的材料。鉴别时，要掌握有关政策规定，对无效材料可退回形成单位或本人，也可集中登记后予以处理；⑥未经核实的举报材料。举报材料中往往有事出有因、不易落实的材料，甚至是有水分和虚假或诬陷的材料，因此，凡是未经核实的举报材料一律不得放入人事档案。对违反规定的行为，要有责任追究制度。

（2）齐全完整。维护档案材料的齐全完整是贯穿档案管理全过程的任务之一。收集是保证档案材料齐全完整的前提，鉴别是检验档案材料是否齐全完整、促进档案材料齐全完整的重要手段。档案材料齐全完整包含三方面的含义：①一个人的人事档案材料要全部集中在一起，以反映其全貌，清晰地反映其经历、德能勤绩等方方面面的情况；②材料系列是否齐全完整。一个人的档案材料不是孤立的，相互之间有着历史的、内在的联系，相互依存，互为补充，构成一个完整的有机体系。例如，一个人的入党材料一般包括入党申请书、转正申请书、入党志愿书；政审材料一般包括审查结论、调查报告、上级批复、主要证明材料、本人交代和对结论的意见；处分材料一般包括上级批复、处分决定（或免予处分的决定）、调查报告、本人检讨或对处分决定的意见、必要的证明材料。鉴别时，若发现材料系列不完整，应及时采取措施，通过有关渠道收集，迅速补充起来，以保证材料系列的完整性；③一份材料的内容和外形是否完整。从内容上看，一份材料应有头有尾，落款、署名、时间等特征具备；从外形上看，没有缺页、破损、霉烂变质或字迹模糊不清的现象。例如，一份鉴定材料一般都应有自我鉴定、小组鉴定、组织鉴定；审查结论和处分决定一般都与本人见面，本人在结论或处分决定上签字与表示意见是不可缺少的内容。鉴别时，应仔细审阅材料的各个组成部分及外形。对于头尾不清、来源不明、缺少时间注明、本人或机关未签名盖章的材料，应尽可能地查清注明或补办手续；破损、溃烂或字迹模糊的材料应及时抢救，进行复制、裱糊和技术加工；对那些一时查不清、内容不重要、参考价值不大以及无法使用的破损文件材料，不予归档。

（3）规范精练。规范是指归档材料应合乎以下标准：①文体与结构程式、附加标记与格式安排符合制发单位的要求；②人事档案材料的载体使用国际标准 A4 型（297mm×210mm）的公文用纸，材料左边留出 2~2.5cm 装订边；③字迹材料应符合档案保护要求，文字须是铅印、胶印、油印、打印或用蓝黑墨水、黑色墨水、墨汁书写，不得使用圆珠笔、铅笔、红色墨水、纯蓝墨水或复写纸书写；④文字可用正式公布的简化字，但不可自造简化字，字迹要清楚，不得涂抹和勾画，名字要固定，不能用同音字代替；⑤归档材料一般应当为原件，证书、证件等特殊情况须用复印件存档的，必须注明复制时间，并加盖材料制作单位公章或人事关系所在单位组织（人事）部门公章。

保持人事档案精练的方法是剔除重份材料或内容重复的材料，不能说明问题或没有保存价值的材料不归档。无论是正本还是副本，只需保留一份，多余的材料在鉴别时可以剔除。例如，有的人在入党前写了多份入党申请书，鉴别时，可以选取其中内容最完整、字迹最清楚的两份分别归入正本和副本中（无副本的只选一份）。政治历史问题的审查或犯错误受处分时，往往会形成一些似是而非、模棱两可、不具有可靠性、不能作为依据的材料，或者内容空洞、随着时间推移而丧失继续保存价值的材料，如"一事多证"或"一人多证"，其中，不具有保存价值的材料都可以不保存。鉴别时，不能孤立地看某一份材料，应从材料系列及其相互的有机联系中全面分析和判断其有无保存价值。

（4）办理完毕。办理完毕（即处理完毕）是指文件材料完成了它的制作程序或处理程序。正在办理过程中或者没有结论、结果的敞口材料，不能归入人事档案。

未处理完毕的材料一般有两种情况：①可以办理完毕但因某些原因仍未办理完毕就归入档案的材料。鉴别中，发现重要问题须查清而未查清的、未办理完毕的材料，应交有关部门、组织处理。例如，干部履历表中填表人未签名或审批机关未盖章，应退回主管部门办理完毕后再归档；②无法继续处理的材料。材料未办理完毕且因形成时间久远、形成单位已撤销、涉及问题无法查清的，可从人事档案中撤出，视其价值，转至人事主管部门保存，以备查考。

（5）手续完备。手续完备是人事档案的属性之一，也是材料归档的必备条件之一。凡规定须由组织盖章的，要有组织盖章。审查结论、处分决定、组织鉴定、民主评议和组织考核中形成的综合材料，应有本人的签署意见或由组织注明经过本人见面。干部任免审批表须注明任免职务的批准机关、批准时间和文号。出国、出境审批表须注明出去的任务、目的及出去与返回的时间。凡不符合归档要求、手续不完备的档案材料，须补办手续后再归档。

人事档案材料从形成的角度来区分，一般有四种：①本人撰写的材料，如自传、入党（团）申请书、个人检讨交代材料等，除在内容上完整外，材料上应有形成时间、撰写人签名或盖章，才是手续完备；②本人填写后由组织审批形成的材料，如入党志愿书、党员登记表、干部履历表、考核鉴定表等，属于本人填写的内容要按规定的格式和要求逐项填写完毕，有关组织或负责人审查后签署审查意见、时间，并加盖公章，才是手续完备；③个人或单位出具的证明材料。凡由单位出具的证明材料应签署证明时间、开具证明的单位名称并加盖公章；个人写的证明材料，除证明人签名或盖章、注明时间外，还应由本单位支部负责人审阅，并在材料上注明证明人的政治情况（不要在证明材料上批注断语，如

"可靠""仅供参考"之类的词句），并加盖公章，如系两页以上的证明材料，请在材料纸的右侧加盖骑缝章，才是手续完备；④组织直接形成的人事档案材料，如干部任免呈报表、职称评定审批表、出国人员审查表、审查结论等，须有呈报单位意见和上级单位审批意见，方可生效。

总之，鉴别人员必须认真地贯彻执行人事档案工作的有关规定，严格遵守安全保密制度，严防泄露人事档案材料的内容。在鉴别材料的过程中，须做到逐页逐项地核对材料内容和有关信息，尤其要注意"三龄两历"：对档案中涉及的出生时间、入党时间、参加工作时间和学历学位、工作经历信息前后记载不一致的，在没有组织出具的更改证明的前提下，出生时间、参加工作时间以档案中最早记载为准；入党时间以支部大会讨论通过的时间为准，涉及学历学位档案记载与本人填写不一致的，人事档案部门向有关部门人事干部反映，催要本人学籍材料；涉及干部出生年月、参加工作时间变更问题的，须报人事处审核批准。同时，还要加强对档案材料的管理，注意档案中散件的保存，对抽出及补充的材料要及时登记、送交，以免遗失。

（三）对不在归档范围内材料的处理

通过鉴别，将属于本人的、符合归档要求的人事档案材料归入人事档案中，不在归档范围内的材料也应根据不同情况妥善处理，各归其位。这既是鉴别环节的善后工作，也是使收集来的每份材料各得其所的最后一道工序。

1. 转出

经鉴定确实不属于员工本人的材料，或是不应归入人事档案的材料，均应转给有关单位部门保存或处理，转出时要写好转递材料通知单。

2. 退回

凡新近形成的档案材料，手续不够完备或内容尚需查对核实，应提出具体意见，退还有关单位，待修改补充后再交回。凡应退还本人的材料，经领导批准后退还本人，并履行登记、接收人清点与签名盖章等手续。

3. 留存

对于不属于人事档案范围而又有价值的材料，经过整理后可作为组织、人事部门的业务资料予以保存。

4. 销毁

经鉴别确实没有保存价值或重份的材料，应按有关规定履行相应手续后做销毁处理。

销毁材料是一项严肃而又谨慎的工作，必须有严格的制度。凡是准备销毁的材料，必须仔细审查、逐份登记，写明销毁理由，经主管领导批准后，方能销毁。档案销毁制度一般应包含以下内容：①销毁的档案必须是经过严格的鉴定程序鉴定后，确认失去保存价值的档案；②销毁档案应编制《档案销毁清册》，写出销毁档案报告，报请主管机关或上级档案管理机关批准。未经鉴定和领导批准，不得擅自销毁档案；③对已经批准销毁的档案，如无特殊情况，一般可存放一段时间再行销毁（暂缓执行）；④销毁档案应指派两名以上人员监销，监销人员要认真履行职责，并在《档案销毁清册》上签名盖章，注明"已销毁"字样和销毁时间、地点、方式；⑤销毁档案数量较大时，要送交指定的工厂进行监销，严禁出卖或改作他用；⑥《档案销毁清册》及批准手续归入相关的全宗卷妥善保存。

第二节　人事档案的整理与保管

一、人事档案的整理

人事档案整理工作是指依据一定的原则、方法和程序，对收集起来并经过鉴别的人事档案材料，以个人为立卷单位进行分类、排列、编码、登记、技术加工等，使之条理化、系统化，并组成有序体系的过程。

（一）整理工作的意义

1. 人事档案条理化和系统化的途径

未经整理的人事档案材料处于孤立、杂乱、无序的自然状态，只有经过整理，化零散为系统，化无序为有序，以个人为单位构成一个有机体，才能实现人事档案的条理化和系统化，才能清晰地反映一个人的经历及德能勤绩等各方面的情况。

2. 维护人事档案齐全完整的手段

经过整理，将一个人的档案材料装订（或装袋）在一起，可以避免档案材料的散落丢失，维护人事档案的齐全完整。查阅和转递人事档案是经常性的，有时甚至是大量的工作，如果没有经过整理，单份的、散乱的档案材料很容易在查阅或转递过程中放混错装或丢失。

3. 为人事档案的利用提供便利条件

经过整理，人事档案材料被分门别类地组合在一起，排列在固定的位置上，这样可以使利用者在阅档时有规律可循，俯拾即得。整理工作为人事档案的利用提供了便利条件，节省了查找的时间和精力，提高了工作效率。

4. 有利于人事档案的保管和保护

如果未经整理，材料杂乱无序、目录不清，利用时不得不将所有材料一一找出来，从头到尾搜一遍，这样不仅浪费时间，而且加剧了材料的磨损。多次的存放取出，未经任何技术加工，可能使档案材料被撕破或折角，通过整理可以减轻或避免上述现象的发生。因此，整理工作有利于人事档案的保管和保护。

（二）整理工作的范围

整理工作既是人事档案管理的基础工作，又是一项经常性的工作。人事档案的整理不同于文书档案的整理。文书档案只要分类、组卷、编目后就固定下来了，不允许轻易打乱重整。而人事档案整理后不能一成不变。人事档案具有动态性，随着个人经历的变化，人事档案材料也会不断变化，当这种变化达到一定程度时，已建立的人事档案由于补充新材料就需要重新整理。档案部门对人事档案的整理按工作范围分为以下三种类型：

1. 对新建档案的系统整理

主要指对那些新吸收人员的档案材料进行整理。这部分档案材料原来没有系统整理，或者没有进行有规则的整理，材料零乱、庞杂，整理起来工作量大，比较复杂。随着各行业各单位新老人员的交替，这部分档案的整理工作应该是连续不断的，因此，必须从思想上提高对这一工作的重视程度，将其列入议事日程，及时做好新吸收人员人事档案的系统整理工作，以适应人事工作的需要。

2. 对已整理档案的重新调整（补充整理）

由于人事档案的动态性，人事档案的整理工作不可能是一劳永逸的，已整理好的人事档案有时需要增加或剔除一定数量的材料，这就有必要重新整理这部分档案材料，这种整理实际上是一种调整。对于那些零散材料的归档，只需随时补充，不必重新编写目录，只在原有目录上补登即可。

3. 对本单位管理的全部或批量人事档案的集中整理

例如，每年6月底7月初，高校学生档案管理部门会集中时间、集中人力对所有毕业生的人事档案进行集中整理。在新中国人事档案发展史上，因人事工作和人事档案工作自身发展的需要而进行的普遍整理有两次。第一次是1956年，在清理"无头档案"的基础上，针对干部档案杂乱、归档范围不清、未经整理和整理不规范等缺点，根据中共中央组织部颁发的《干部档案管理工作暂行规定》的要求，对干部档案进行了普遍整理，使其更加充实和规范。第二次是1980年，为了落实党的干部政策，清除历次政治运动对人事档案的影响，加强人事档案的管理和使用，对人事档案进行了一次全面清理和普遍整理。

（三） 整理工作的要求

1. 人事档案整理应使每个相对人的档案达到完整、真实、有条理、精练、实用

（1） 所谓完整，是指将一个人的材料全部集中在一起。每份档案内容完整、时间来源清楚、有头有尾、不缺张少页、手续完备，如果是系列材料，保持档案系列的完整。没有空白和断档现象，才能全面历史地反映一个人的德能勤绩和经历的来龙去脉。

（2） 所谓真实，是指档案材料的内容符合本人的实际情况，是经过组织审查认可归档的材料。凡属于污蔑不实的冤假错案材料，似是而非、未经查实的材料，张冠李戴、错装错放的材料，涂抹勾画甚至伪造的材料，一经发现，都应从人事档案中剔除出去，使整理后的人事档案能够真实客观地反映一个人的本来面目。

（3） 所谓有条理，就是按照有关规定将人事档案材料分门别类、有序排列，并编制目录，使人事档案材料层次分明、有条不紊、井然有序。

（4） 所谓精练，就是在完整、真实的基础上去粗取精，清理出重复的材料、"一事多证、一人多证"的材料、不属于人事档案的材料、丧失保存价值的材料，使人事档案的内容集中、简洁、精干。

（5） 所谓实用，就是人事档案的整理要以方便利用为出发点，对档案内容的分类、排列和技术加工等都要以便于各项工作的开展为原则。

完整是基础，真实是核心，有条理是方向，精练是手段，实用是目的。以上五个方面是相辅相成的，不能只强调一个方面而忽视其他方面。

2. 人事档案的整理体系应分类准确、编排有序、目录清楚、装订整齐

（1） 分类准确。分类在整理工作中占有十分重要的地位，分类是否准确，不仅直接影响整理工作的质量，而且影响利用工作的进行。分类准确是整理工作中的最基本要求，如果做不到分类准确，整理工作也就失去了意义。

（2） 编排有序。在分类的基础上，根据不同类别材料的具体情况和实际需要，采用科学的排列顺序，使档案材料在排列上有规律可循，从而达到便于利用的目的。

（3） 目录清楚。每份经过整理的人事档案都应编写目录。目录登记要字迹工整、项目齐全、内容规范、材料形成时间填写无误、材料份数与页码计算准确，目录登记情况与实

际档案材料完全相符，目录本身无粘贴、涂改勾画和错别字。

（4）装订整齐。为了固定档案材料的分类和排列顺序，保护档案材料，整理后的档案要加封面和装订成册，达到表面平整、无脱页漏装、无损坏文字、材料整齐、外观洁净。

（四）整理工作的步骤

一般来讲，人事档案的整理工作按分类、排列、编目、复制加工和装订验收五个步骤展开。

1. 分类

在对人事档案材料进行分类时，首先对前期鉴别过的材料进行复核，防止不符合要求的材料进入人事档案；然后，按照《干部人事档案工作条例》（2018 年中共中央办公厅印发）所规定的十大类，对人事档案材料进行归类。

（1）人事档案的分类。干部人事档案分为正本和副本。正本由全面反映一个人的历史和现实情况的全部人事档案材料所构成；副本是人事档案正本主要材料的复制件，具体内容由正本中主要材料的复制件（重复件）构成，详见表 2-2[①]。

表 2-2　干部人事档案正本、副本材料一览表

类别	归入正本材料	归入副本材料
第一类	履历类材料	近期履历材料
第二类	自传和思想类材料	
第三类	考核鉴定类材料	主要鉴定、干部考核材料
第四类	学历学位、专业技术职务（职称）、学术评鉴和教育培训类材料	学历、学位和评聘专业技术职务的材料
第五类	政审、审计和审核类材料	政治历史情况的审查结论（包括甄别、复查结论）材料
第六类	党、团类材料	
第七类	表彰奖励类材料	奖励材料
第八类	违规违纪违法处理处分类材料	处分决定（包括甄别、复查结论）材料
第九类	工资、任免、出国和会议代表类材料	任免呈报表和工资、待遇、出国审批材料
第十类	其他可供组织参考的材料	

根据《干部人事档案工作条例》（2018）、《干部档案整理工作细则》（1991），干部人事档案正本材料分为以下十大类：

---

① 李晓婷. 人事档案管理实务 [M]. 2 版. 上海：复旦大学出版社，2019：80-81.

第一类：履历类材料。本人填写的以反映个人经历等基本情况的表格材料应归入本类。这些材料都是组织上历次制定、反映个人经历和基本情况、由本人填写、经组织上审查盖章的登记表格。主要包括：干部履历表，简历表，干部、工人、教师、军人、学生、流动人员等各类人员登记表。

第二类：自传和思想材料。本人所写的有关叙述自己生平经历、思想变化过程、家庭情况、社会关系、社会影响等方面情况的自传及属于自传性质的材料归入本类。主要包括：各类人员本人历次所写的自传，入党（团）申请书中能分开的自传内容材料，叙述个人经历、家庭情况、社会关系的自述（传）材料，有自传内容的历史反省材料，参加党的重大教育活动情况和重要党性分析、重要思想汇报等材料。

第三类：考核鉴定类材料。考核鉴定类材料是指各级组织对各类人员个人一贯表现和优缺点进行考察了解评价所形成的，有关其思想品德、学识水平、工作能力、工作业绩、勤政廉政方面的综合评价材料。主要包括：平时考核、年度考核、专项考核、任（聘）期考核，工作鉴定，重大政治事件、突发事件和重大任务中的表现，援派、挂职锻炼考核鉴定，党组织书记抓基层党建评价意见等材料。

第四类：学历学位、专业技术职务（职称）、学术评鉴和教育培训类材料。反映各类人员个人学习经历、知识水平、业务能力、专门技术方面的材料归入本类。其中，第一小类是中学以来取得的学历学位材料，主要包括报考高等院校考生登记表、审查表，毕业生登记表，学习（培训结业）成绩表，学历证明材料，研究生推免生登记表、专家推荐表，授予学位的决定、决议、学位论文答辩决议、博士研究人员工作期满登记表，选拔留学生审查登记表等参加出国（境）学习和中外合作办学学习的有关材料，国务院学位委员会、教育部授予单位出具的国内外学历学位认证材料等。第二小类是专业技术职务（职称）材料，主要包括职业资格考试合格人员登记表、职业资格证书复印件；专业技术职务任职资格申报表，专业技术职务考绩材料，聘任、套改、晋升、解聘专业技术职务（职称）审批表、登记表。第三小类是学术评鉴类材料，主要包括当选院士、入选重大人才工程，发明创造、科研成果获奖、著作译著和有重大影响的论文目录（目录经组织批注意见并加盖单位公章后方可归档）。第四小类是教育培训类材料，主要包括政策理论、业务知识、文化素养培训和技能训练情况等材料。

第五类：政审、审计和审核类材料。通常，在入党、入团、参军、出国或从事特殊职业等情况下需要对有关人员的政治历史情况进行审查。政审材料主要包括：审查干部政治历史情况（包括党籍问题）的调查报告、审查结论、上级批复、本人对结论的意见、检查、交代或说明情况的材料、作为结论依据的主要证明材料，以及甄别、复查结论（意见、决定）、调查报告、批复及有关的依据材料。

审计、审核类材料包括：领导干部经济责任审计和自然资源资产离任审计的审计结果及整改情况，履行干部选拔任用工作职责离任检查结果及说明、证明，干部基本信息审核认定、干部人事档案任前审核登记表，廉洁从业结论性评价等材料。

此外，更改民族、年龄、国籍、入党、入团和参加工作时间的组织审查意见、上级批复以及所依据的证明材料也归入第五类。

第六类：党、团类材料。《中国共产党入党志愿书》、入党申请书（1～2份全面系统的）、转正申请书、培养教育考察，党员登记表，停止党籍、恢复党籍，退党、脱党，保留组织关系、恢复组织生活等材料：《中国共产主义青年团入团志愿书》、入团申请书；加入民主党派的有关材料。

第七类：表彰奖励类材料。县处级以上党政机关、人民团体等予以表彰、嘉奖、记功和授予荣誉称号的审批（呈报）表、先进人物登记（推荐、审批）表、先进事迹材料：撤销奖励的有关材料等。如劳动模范、先进工作者、有突出贡献的优秀专家、国家科技奖（含国家发明奖、自然科学奖、科技进步奖）、中国青年科技奖、优秀党务工作者、优秀党、团员等审批（呈报）表，先进事迹材料、先进事迹登记表，立功、受勋、嘉奖、通报表扬等以及在其他工作中形成的表彰材料。

第八类：违规违纪违法处理处分类材料。因违犯党纪、政纪、国法和其他错误后由纪检、监察、公安、检察院、法院等有关部门依照法律和法规，对行为过失人给予处分、处罚、惩戒形成的有关材料。主要包括：党纪政务处分，组织处理，法院刑事判决书、裁定书，公安机关有关行政处理决定，有关行业监督部门对干部有失诚信、违反法律和行政法规等行为形成的记录，人民法院认定的被执行人失信信息等材料。

第九类：工资、任免、出国和会议代表类材料。反映有关人员录用、聘用、工资待遇审批、职级变化、退（离）休退职、出国出境、参加各种代表会议的材料归入本类。主要包括：工资待遇审批、参加社会保险；干部任免呈报表（包括附件），录用和聘用审批表；聘用干部合同书，续聘审批表，解聘、辞退材料；退（离）休审批表；军衔审批表、军队转业干部审批表；公务员（参照公务员管理人员）登记、遴选、选调、调任、职级晋升，职务、职级套改，事业单位管理岗位职员等级晋升；出国、出境人员审批表；党代会、人民代表大会、政协会议、工青妇等群众团体代表会、民主党派代表会代表登记表。

第十类：其他可供组织参考的材料。对于不属于前九类但对用人具有参考价值、需要保存的材料归入本类。主要包括：录用体检表，有残疾的体检表、残废等级材料；大、中专毕业生分配报到通知书（派遣证），工作调动介绍信，国（境）外永久居留资格、长期居留许可等证件有关内容的复印件，人事争议仲裁裁决书，死亡通知书、悼词（生平）、讣告、非正常死亡的调查报告及有关情况、遗书等。

（2）人事档案的归类。人事档案材料分为十大类之后，应当把每份材料归入相应的类别中，即"对号入座"。一般的方法和步骤是：

第一，看材料的名称。凡是材料上有准确名称的，可以按名称归入所属类别中。例如，履历表、简历表归入第一类，鉴定表归入第三类，任免表归入第九类。

第二，看材料的内容。对于只看名称而无法确定类目归属的材料，应当根据其内容归入相应类别。如果材料内容涉及几个类目，应根据主要内容归入相应类目。例如，学生鉴定表中除了鉴定评语外，还包括各科成绩，从内容上看，学习成绩比重大，应归入第四类。

第三，看材料的价值作用。一般来讲，第九类都是具有凭证价值的材料，第十类是具有参考价值的材料。

2. 排列

排列指的是经过归类后，将每类所含的材料按一定的顺序排列起来。排列的原则是依据人事档案在了解人、使用人的过程中相互之间固有的联系，保持材料之间的系统性、连贯性，且方便利用和不断补充新的档案材料。人事档案的排列方法有以下三种：

（1）时序法。按材料形成时间的先后进行排序，由远及近，依次排列。采用这种方法，可以比较详细地了解来龙去脉，掌握相对人的成长和发展变化情况，同时有利于新材料的继续补充。这种方法适用于第一类、第二类、第三类、第七类、第十类材料。

（2）系统法。按材料内容的主次关系、重要程度进行排列，主次分明。这种方法适用于第五类、第六类、第八类。其中，第五类和第八类的排列方法基本相同，排列顺序为：上级批复、结论（处分决定）、本人对结论（处分决定）的意见、调查报告、证明材料、本人检讨或交代等。第六类材料的排列顺序为：先分开入党、入团的材料，具体排列时将入团或入党志愿书放在申请书前面。

（3）混合法。按问题结合时间先后进行排列，即一个类内有几个问题的材料，先按问题分开，在一个问题内按材料的形成时间顺序由远及近排列。这种方法适用于一个类别里有多套系列材料的情况，如第四类、第九类。

3. 编目

人事档案编目是指填写人事档案案卷封面，填写案卷（或称保管单位）内的人事档案目录、编写件页号等。

目录具有重要作用：第一，固定案卷内各类档案的分类体系和类内每份材料的排列顺序及其位置，避免次序混乱，巩固整理工作成果；第二，介绍每份材料的内容、名称和形成时间，帮助查阅者及时、准确、迅速地查到所需要的材料；第三，目录是人事档案材料登记和统计的基本形式，能检查已归档的材料有无遗失，分类归类及排列上有无差错，发现后及时给予纠正。因此，目录是一种有效的人事档案管理和控制工具，有助于维护人事档案的完整和安全，提高科学管理水平。下面逐一介绍编码和目录登记的方法。

（1）编码。全部材料按以上顺序排列好后，在每份材料的右上角用铅笔写上类号和顺序号。写法是：类号在前，顺序号在后，中间用一横线连接，必须用铅笔填写。例如，"3—1"表示这份材料是第三类中的第一份材料，其他依此类推；再如，"9—1—1"表示这份材料是第九类中第一个问题的第一份材料，"9—2—1"表示这份材料是第九类中第二个问题的第一份材料，其他依此类推。

写完类号和顺序号后，在材料每面的右下角（反面为左下角）编写页码。人事档案材料的编页不同于图书，以每一份完整的材料为一份；材料页数的计算采取图书编页法，每面为一页（没有正式记述情况文字的前后皮除外），印有页码的材料和表格应如数填写。

通过编码，既可以固定材料的位置，也方便检索和利用。

（2）目录登记。人事档案的目录登记是指在材料经过排列、编码之后，按照固定的目录栏目和要求，将相应的归档材料逐份记载。通过目录登记，可以起到索引的作用，同时有助于复查、保护档案材料。

目录登记必须按"干部档案登记目录"的格式里所列的项目逐栏进行登记。

第一，类目就是填写类目号和每份材料的顺序号。类目号用汉字数字（一、二、三……）写，顺序号用阿拉伯数字（1、2、3……）写。为了使类目号和类目名称醒目、美观，把类目号和类目名称刻成印章（这个印章叫条章），用时蘸上红色印油盖在类目的位置上。条章盖在每类的卷首，暂时没有材料的也要盖上类目名称，以固定类目的位置，待以后再有新材料时"对号入座"。顺序号书写的位置，每份材料从"1"开始往下编写，有多少份材料，就编多少号码。

需要注意的是，每类后面都要留出适当的空格。一般来说，年龄小的多留些，年龄大的少留些。要求每一类约占目录一面，三类、四类、九类可适当多留出一面，每人至少要留6~7页目录。

第二，材料名称是目录登记的核心内容。在实际整理档案的过程中，应注意以下问题：一是坚持客观记录的原则，即照录材料的原标题，一般不得省略；二是对于过于冗长的标题，可采取缩写的办法来解决，如"申请专业技术职务呈报表"可以缩写成"技术职务呈报表"，但不能简化成"呈报表"；三是对于题不对文、含义不清和没有标题的材料，目录登记者要自拟标题。因此，要求自拟的标题语言要准确、精练、规范，不能太笼统，否则，就失去了目录登记的作用。自拟的题目用"【　】"括起来，以示该题目系登记者所加。例如，原标题为"证明材料"，应自拟简明正确的标题为"×××关于×××的××问题的证明材料"，并加"【　】"。

第三，材料形成时间一般采用材料落款标明的最后时间。如果材料的最后签署时间无可靠依据，一般不再注明。

复制的档案材料采用原材料形成时间。

材料时间的填写上应注意，一律使用阿拉伯数字、八位数表示。年份必须写全称，如，"2008，2018"，而不能简写成"08，18"；月、日用两位数表示，如 2022 年 9 月 10 日应写成 20220910。

实践工作中，对常见材料形成时间的确认方法是：本人撰写的自传、入党申请书、转正申请书等，以本人书写材料的落款时间为准；由本人填写后，经组织审核盖章或签署意见的材料，如履历表、学生登记表、鉴定表、党员登记表等，应以组织最后盖章或签署意见的时间为准；证明材料凡是单位出具的，应以单位签署的时间为准，个人出具的证明材料，应以证明人所在单位组织注明意见的时间为准；直接由组织形成的材料，具有审批性质的材料，应以审批单位签署的时间为准，如审查结论、处分决定、任免呈报表、工资呈报表等，均以批准机关的签署时间为准；由选举产生而办理职务任免手续的任免呈报表，应以选举当选的时间为准。

第四，份数（即材料份数）以每份完整的材料（包括附件）为一份。复制件与原件同时存入正本时，按一式两份计算，并在备注栏中注明含复制件一份。

第五，页数按材料右下角铅笔书写的总页数填写。

第六，备注需要说明的事项应从实际情况出发，本着"有则注之、无则免之"的原则，避免备注项杂乱。

4. 复制加工

（1）复制。人事档案材料的复制就是用一定的手段，按照档案材料原件内容和外形重新制作一份或数份材料。复制的作用主要是保护档案原件，使其能永久或长期保存，延长档案材料的寿命，恢复档案材料的原貌；为建立副本提供所需的材料；用复制件满足利用者的需要。

复制的要求有以下四点：第一，忠于原件。复制件与原件在内容上应完全一致，外貌形状也完全相似。不能对原件内容进行综合、增删、修改或手描，也不宜变动原件的外貌；第二，复制件应字迹清楚，不得模糊；第三，复制所使用的材料应经久耐用，有利于长久保存；第四，手续要完备。复制材料须注明复制单位、复制时间、原件存何处，并加盖复制单位公章。这是复制件进入人事档案的必备条件之一。

复制的范围不能任意扩大或缩小，该复制的没有复制，就会造成损失；不该复制的复制了，则会造成浪费，影响人事档案的精练。复制的范围包括：第一，建立副本所需要的材料。副本是由正本中的部分材料构成的，在实际工作中大多数材料都是孤本，重份比较少，一般只能满足正本的需要，因此，复制件是建立副本的主要来源，是否建立副本由单位根据情况自行确定；第二，字迹不清的材料。由于年久纸张变质、墨水褪色、字迹模糊不清，难以辨认，影响使用价值，这种材料须及时进行抢救；第三，圆珠笔、复印纸、铅笔等书写的材料。按规定，圆珠笔、复印纸、铅笔书写的材料不能归档，但是，由于受历史条件限制和其他方面的原因，档案中已归入了一些不合格的材料，为使这些材料长期保存，就必须对其进行复制。

人事档案复制的方法有复印（只要原件字迹清楚，就可以用复印机复印）、打印、抄写、手描（注意保持档案材料的原貌）、扫描、摄影（费用高，不便于装订）。新研制推广的字迹恢复固定剂（液）是档案字迹恢复和固定保护的最好用品。

（2）技术加工。技术加工是指在不损害档案材料的文字内容和保持档案历史原貌的前提下，对一些纸张不规范、破损、卷角、折皱的材料，为最大限度地延长档案寿命所进行的技术加工。

技术加工是不得已而为之的一种辅助性手段，是为了最大限度地延长档案的寿命，便于装订保管和利用。原始性、记录性是档案的本质特征，也是档案的价值所在。因此，技术加工必须坚持切实维护档案历史原貌的原则，切忌为追求整齐美观而对档案内容和外观造成丝毫损坏。技术加工的方法主要有修裱、修复、加边、折叠和剪裁。

第一，修裱。是以糨糊做胶黏剂，运用修补和托裱的方法，把选定的纸张补或托在档案文件上，以恢复或增加强度，提高耐久性。主要适用于档案遭到损坏，出现孔洞、腐朽、残破、折叠处断裂以及纸张发脆或过薄、纸面过小（小于 16 开规格）的材料。

第二，修复。是对已经损坏或不利于永久保存的档案材料进行处理，以恢复原来面貌，提高耐久性。包括去污、去酸、加固、字迹显示与恢复。

第三，加边与包边。所谓加边，是指对过窄或破损未空出装订线的档案材料，在装订线一边加一条白纸边，拓宽材料的装订位置，保证打眼、装订不压字和损伤材料内容。所谓包边，是指对一些破损、多页零散的材料在装订线一边用白纸包边。

第四，折叠与剪裁。对超过 16 开规格的档案材料，在不影响材料的完整和不损坏字迹的条件下，可酌情进行剪裁；不能剪裁的材料须进行折叠，折叠时，要根据材料的具体情况，采用横折叠、竖折叠、横竖交叉或梯形折叠等办法。折叠后的材料，要保持整个案卷的平整，不得损害文字，便于展开阅读。

第五，拆除档案上的大头针、曲别针、订书钉等金属物品，以防氧化锈蚀档案材料。

5. 装订验收

（1）装订。是将零散的档案材料加工成册，它是档案整理工作中的重要步骤，能够巩固整理工作中以上各道工序的成果。装订工作的要求是：装订后的档案材料排序与目录相符，卷面整洁，全卷平整、平坦、装订结实实用。

装订的具体做法如下：①将目录与材料逐份核对无误，避免出现缺份、缺页、错页，把差错消灭在装订之前；②把全卷材料理齐，以方便正装，即横写的材料名称在上，竖写的材料名称在右。材料条件好的应做到四面整齐；材料条件较差的，以装订线一边和下边两面为齐，其余两边基本整齐；③材料左侧竖直打孔。空距规格应符合规定的标准，不要损伤文字，最好购买三眼打孔机；④系绳一般用长 50cm 左右的绳子，不允许用金属卡固定；⑤按照中组部统一要求，一律使用规定的标准干部人事档案卷皮，档案卷皮书写档案人的姓名。书写姓名不得用同音字或不规范的简化字。

（2）验收。是对装订后的人事档案，按照《干部人事档案工作条例》《干部档案整理工作细则》等有关文件规定的标准，全面系统地检查其是否合格的一项工作。它是人事档案整理工作中的最后一道关口，也是人事档案整理工作不可缺少的重要环节。

验收工作一般由主管领导和熟悉业务、责任心强的同志参加。验收的方法可在自验、互验的基础上，最后由负责验收人员对所整理过的档案，逐人、逐卷、逐份、逐页进行检查。

人事档案整理工作是否合格，应用以下标准予以衡量：①材料取舍符合规定。对归入干部人事档案的材料，应检查是否符合有关要求以及有无该剔除而未剔除的材料；②分类准确，编排有序。材料分类无差错，排列顺序科学，各类材料右上角用铅笔编写顺序号，每类材料不混淆。例如，一类材料编写 1—1、1—2、1—3，九类材料编写 9—1—1、9—1—2；③目录清晰，醒目易查。检查目录登记与材料内容、时间、页数是否相一致，留下的空格多少是否合适；④检查正本、副本的区别及正本的分册是否合乎要求；⑤检查需要复制的材料有无漏掉，复制件的质量是否符合要求；⑥检验金属物是否拆除，材料的裱糊、折叠是否合乎要求；⑦检验装订是否整齐，有无损字压字、掉页的现象，卷内分类角的位置是否准确。

二、人事档案的保管

人事档案保管工作是指在人事档案入库后，根据人事档案的成分和状况而采取的存放、日常维护和安全防护等管理工作。

作为物质的东西，人事档案有其产生、发展、变化和消亡的过程。随着时间的流逝，受自然因素和社会因素的影响，人事档案可能遭受损坏，甚至毁灭；而组织、人事工作又需要长远利用人事档案，为此，档案管理机构有必要采取一系列措施和方法来对人事档案进行妥善地保管和维护，这就形成了人事档案的保管工作。

（一）人事档案保管的意义和地位

一方面，人事档案保管工作为整个人事档案工作提供了物质基础，创造了开展各项业务工作最起码、最基础的条件。如果人事档案得不到安全有序的保管，甚至毁损殆尽，丧失了工作对象，人事档案工作也就失去了存在的基础。

另一方面，人事档案保管工作不能离开其他业务工作而独立存在。如果没有收集工作，保管就没有了工作对象；如果没有鉴别工作，良莠不齐、臃肿庞杂，有价值和无价值的混在一起，保管条件难以改善，安全也没有保障；如果没有整理工作，杂乱无章，缺乏条理和系统，保管工作就会困难重重；如果没有档案的及时转递，人档分离，保管的档案也就失去了应有的作用。同时，安全防护措施必须贯穿于收集、整理、提供利用和转递环节，才能避免档案受到磨损、丢失、泄密或污损。因此，做好人事档案保管工作，既要利用其他业务工作的成果，又必须紧密配合其他业务，将安全防护措施贯穿于各个环节。

（二）人事档案保管的任务

1. 防止人事档案的损坏

人事档案实体是以物质的形态存在和运动的，而温度、湿度、光线等各种环境因素会对档案的载体、字迹材料等造成不良影响，不利于档案的长久保存。因此，在日常保管工作中，要了解和掌握档案毁损的原因和规律，通过经常性的具体工作和专门的防护措施，最大限度地消除或降低不利影响因素。如果档案已经遭到损害，应立即采取抢救性措施，进行治理和保护，以防毁坏程度继续加重。

2. 延长人事档案的寿命

人事档案保管工作不仅仅在于防止人事档案的自然损坏，还应从根本上采取更积极的措施，最大限度地延长档案的寿命，使其尽可能长久保存下去，服务于子孙后代。

3. 维护人事档案的安全和有序

人事档案的保管要遵循"安全保密、便于查找"的原则。因为人事档案关系到党和国家的机密及单位和个人信息的安全，切不可将档案管理工作当作收发取放的小事，一定要注意安全保密。此外，只有科学有序地保管，才能迅速查找到所需档案，减少多次取放对档案的磨损，提高利用效率。

（三）人事档案保管的范围

我国人事档案保管的范围是由各个单位的人事管理权限决定的，依据统一领导、分级管理、管人与管档案相一致的原则确定。具体范围划分如下：

1. 在职人员人事档案的保管

在职人员人事档案的管理与人员管理的范围应保持一致。人事档案的正本由主管该人的组织、人事部门保管，人事档案的副本由主管或协管该人员职务的部门保管。协管部门一般是人员所在单位或主管部门指定的有关部门。非主要协管和监管的单位不保管人事档案的正本和副本，但可根据需要保存近期重份的或摘要的登记表、履历表之类的材料。

军队和地方互兼职务的干部，如果主要职务在军队，其档案正本由部队的政治部保管；如果主要职务在地方，其档案正本由地方有关部门保管。

民主党派和无党派的爱国人士档案由各级党委统战部门保管。

2. 离、退休人员人事档案的保管

离、退休人员的人事档案一般由原保管部门保管。如果人员离、退休后，异地安置而未转关系的，其档案仍然由原单位保管；如果将组织关系转到安置地，则其人事档案应转交接收单位的人事部门保管。

党中央、国务院管理的干部，中共党员的档案由中央组织部（或人力资源和社会保障部）保管；民主党派和无党派爱国人士的档案由中央统战部保管。

3. 死亡人员人事档案的保管

人事档案不仅是对在世者了解使用的重要依据，也是对去世者进行研究的重要史料，还具有其他各方面的使用价值。然而，并非所有的人事档案都要永久保存，一来保管条件不允许，二来也没有必要。

党中央、国务院管理的省部级干部，死亡后其档案由原管理单位保管五年，之后移交中央档案馆永久保存。

中央、国家机关各部委和各省、市、自治区管理的司局级职务的干部，全国著名的科学家、艺术家、教授和有特殊贡献的英雄、模范人物、知名人士等，死亡后其档案由原管理单位保管五年后，移交本机关档案部门保存，并按《机关档案工作条例》规定的期限，到期后移交同级档案馆永久保存。

上述范围以外的其他干部，死亡后其档案由原管理部门保存五年后，移交本机关档案部门保存，并按同级档案馆接收范围规定进馆。

企业职工死亡后，其档案由原管理部门保存五年后，移交企业综合档案部门保存；对国家和企业有特殊贡献、英雄模范人物死亡后，其档案按规定向有关档案馆移交。

4. 其他人员人事档案的保管

辞职、退职、自动离职、被辞退（解聘）后未就业人员，其档案由原管理单位保管；另就业的，其档案转至有关组织、人事部门或所属的人才服务中心保管。在职人员被开除公职后，其档案保管方法原则上同上述程序。

在职人员受刑事处分期间，其档案由原管理单位保管；刑满释放后，重新安排工作人员的档案由主管该人的部门或所属的人才服务中心保管。

出国不归、失踪和逃亡人员的人事档案由原管理单位保管。

人事档案管理人员及其在本单位直系亲属的档案由组织指定有关部门及专人保管。

（四）人事档案保管的物质条件

人事档案的保管工作必须依托于一定的物质条件才能实现。基本的物质条件包括库房、装具、保管设备、包装材料和消耗品，它们构成一个保护链条，共同发挥着为人事档案创造良好环境、保护档案免受侵袭、维护档案完整和安全的作用。

1. 库房

库房是为存储和保护档案而设计建造的建筑物，是保管人事档案最重要的物质条件。在实际工作中，因公司职能、规模和财力限制，一般不新建库房，大都利用办公用房或民用建筑改建，但在库房选址或改造上应尽量向《档案馆建筑设计规范》的要求靠拢，注意以下四个问题：

（1）库房选址应考虑三个因素：一应注意周围环境，远离居民区、锅炉房、厨房、化验室、厕所及车辆来往频繁的马路，以隔绝火源、水源和有害气体对档案的侵袭；二是库房应保持干燥，便于通风，不应设在工厂的下风处；三是与主管人事档案工作的组织、人事部门办公用房设在一起或相邻，以便于管理和使用档案，但应有专门的库房，做到库房、办公室、阅览室分开。

（2）库房面积与保管的人事档案数量应相适应，一般每千人的人事档案库房面积不少于 $20 \sim 25m^2$。

（3）库房应坚固实用，全木质结构的房屋和一般的地下室不宜做档案库房使用。

（4）改建库房应改造地面，防止潮湿；修建房顶，防止漏雨；检修电线电器，防止火灾；门窗须结实严密，封闭性良好，窗户要有窗帘和铁栅；库房内有防火、防潮、防蛀、防盗、防光、防高温的必要设施。

2. 档案装具

档案装具是指用于存放档案的柜、架、箱，它们是档案库房存贮和保护档案的基本设备。一般而言，封闭式的柜箱比敞开式的架子更有利于档案的保护；金属装具比木质的更坚固，有利于防火，但造价较高，防潮耐热不如木质装具。

档案柜是比较传统的装具，使用比较灵活，便于挪动，有利于防尘、防火、防盗。

档案架造价低，要求库房地面的承重与图书架相同，生产工艺简单，利用档案比较方便，但要求档案库房的保护条件相对较高。

活动式密集架在有效利用库房空间、坚固、密闭方面具有较好性能。平时，各架柜合为一体；调阅时，可以手动或自动分开，比常规固定架柜能节省近 2/3 的库房面积。但是，安装活动式密集架要求地面承重能力须在 $2400kg/m^2$ 以上，同时还必须考虑整个建筑物的坚固程度以及使用年限等因素。

3. 保管设备

人事档案保管设备是指在人事档案保管、保护工作中使用的机械、仪器、仪表、器具等技术设备。主要有空调、通风设备、去湿机、温湿度测量及控制设备、防盗防火报警器、灭火器、装订机、复印机、缩微拍照及缩微品阅读复制机、光盘刻录机、通信及闭路电视监控设备、消毒灭菌设备、档案出入库的运送工具等。

4. 包装材料

人事档案包装材料主要有档案卷盒、档案袋。它不仅是存放和保护每一个档案案卷的纸质或其他质地档案材料，减少机械磨损，防止光线、灰尘对档案侵袭的工具，同时又是人事档案的封面，有利于人事档案的查找和利用。

5. 消耗品

消耗品是指用于人事档案保管工作的低值易耗品，如防霉防虫药品、吸湿剂、各种表格及管理性的办公用品等。

第三节　人事档案的登记与统计

一、人事档案的登记

人事档案登记包括人事档案状况登记和人事档案工作登记两个方面，属于工作记录性登记，它既是人事档案管理各环节中必须履行的工作程序和手续，也是一种人事档案管理手段。

（一）人事档案状况登记

人事档案状况一般指的是档案的数量、存在与保管状态及其变化情况。有关档案数量、存在与保管状态及其变化情况的登记形式主要有：

1. 人事档案底册

人事档案底册是人事档案管理机构所管的全部人事档案的清册或总登记簿，用来登记本机构的档案库藏情况。其具体内容和格式可以根据自己的需要设计。

2. 人事档案材料收转登记簿

人事档案材料收转登记簿是指对人事档案及人事档案材料的进出（接收、转出）情况进行登记的簿册。

（二）人事档案工作登记

人事档案工作状况登记主要涉及档案工作过程中发生的一些重要情况和基本的工作行为事实和数据。有关人事档案工作基本情况的记录主要有：

1. 工作日志

工作日志是指逐日记录每一天的工作内容及其进程，可以积累详尽的原始工作记录，为日后查考和总结提供素材。每次记录按时间先后进行，记录工作内容、工作量或工作进度、问题及处理情况，并注明记录人姓名和记录时间。

工作内容主要包括：①学习人事档案工作政策法规和有关文件情况；②召开人事档案工作方面的会议记录；③人事档案材料收集归档登记，包括缺少材料、退回补充材料、不符合要求的材料、不应归档材料；④人事档案材料鉴别审核情况登记；⑤人事档案材料整理情况登记（整理的起止时间、整理方法、人员组织情况、案卷质量、装订排列上柜/架、编研检索工具情况）；⑥设施设备改善、增加情况登记；⑦对所属单位档案工作进行检查、监督和指导情况；⑧人事档案利用情况登记。

2. 人事档案保管情况登记

人事档案保管情况登记主要包括安全检查登记、设备设施情况登记、温湿度测记簿。

（1）安全检查是一项重要的库房管理工作。通过检查了解人事档案保管状态，采取有效措施改善保管条件，是确保档案安全完整有序的必要工序。安全检查分定期检查和不定期检查。一般是每季度或半年定期检查一次，不定期检查一般是在发生水灾、火灾或虫害、受潮等情况、档案泄密遗失或被盗后、上级或主管部门检查时进行。检查内容包括毁灭、遗失、盗窃、涂改、造假档案数量与内容，霉变、褪色、尘污、虫蛀、破损情况，档案材料账实相符，有无随意销毁档案材料及失密泄密事件，库房管理及提供利用情况，其他不安全因素等。检查结果应认真记录，重大事件的检查结果应有专题报告，对检查出的问题及时采取措施认真处理。

（2）人事档案库房及设备设施情况登记一般只需一次，之后只需要核对登记增减情况，以便下次统计使用。

（3）人事档案库房温湿度测记簿有利于随时掌握库房温湿度情况，以便出现不适宜档案保管的温湿度时及时采取措施。温湿度应每日或每周定时观测，并做好记录。

3. 人事档案利用情况登记

人事档案利用情况登记是登记的重点。凡查阅、外借、出具证明或提供其他利用服务，均应认真登记。

4. 专兼职档案管理人员登记簿

专兼职档案管理人员登记簿是对档案管理工作人员队伍的数量、质量情况进行登记，有利于了解工作人员数量、结构特征。

除上述人事档案登记外，人事档案工作的其他方面仍有进行登记的必要。如人事档案出入库登记、人员进出库房登记、各类人员档案接收情况登记等。

人事档案登记所形成的记录直接反映人事档案及其管理状况，可以作为人事档案统计的数据基础。人事档案统计工作一般是建立在必要的日常工作情况记录性的登记形式基础上的，统计工作除了专门设计的统计调查项目外，大量的原始数据都是从各种各样的登记材料中获得的。

二、人事档案的统计

(一) 人事档案统计的定义

人事档案统计就是运用一系列专门的统计方法和技术，对人事档案工作领域中的诸种现象、状态和趋势等进行量的描述与分析，为决策工作提供坚实可靠的数据支持，为组织、人事工作服务。

人事档案统计是了解、认识和掌握人事档案工作总体情况的一种方法和手段。如果没有对人事档案工作及其发展情况的掌握，以及对这一基本情况的综合分析，就不可能正确指导当前的人事档案工作，也就不可能实现人事档案的科学化、规范化管理。

(二) 人事档案统计的内容

1. 人事档案数量的统计

(1) 保存档案正本、副本数量统计。

(2) 分类情况统计，包括：①在职人员档案主管、协管、代管统计；②各系统、各职级、各层次人员档案统计；③非在职人员（离休、退休）档案统计；④死亡人员档案统计；⑤不同保管期限数量统计；⑥"无头档案"统计。

2. 人事档案管理情况统计

主要内容包括：①人事档案的变动增减情况统计；②人事档案收集情况统计：接收人事档案和人事档案材料的统计，须补充人事档案统计，不应归档材料转、退、留、毁统计，材料来源的收集途径及其各途径收集数量统计；③人事档案的鉴别整理情况统计：已整理案卷统计，续整理案卷统计，通过整理需要销毁的档案数量统计、需要复制或技术加工的档案数量统计；④人事档案利用情况统计：利用档案卷、件次统计，利用类型（工作查考、编史修志、学术研究等）统计，利用方式（查阅、外借、出具证明等）统计，利用人数统计，利用率统计；⑤人事档案保管情况统计：人事档案流动情况、人事档案遭受损失的情况等；⑥人事档案转递情况统计：转出人事档案统计，转出零星材料统计，接收人事档案统计，接收零散材料统计。

3. 人事档案工作基本情况统计

主要内容包括：①机构设置情况统计：档案馆、档案室、人力资源服务机构；②人事档案工作人员情况统计：应定编人数、实定编人数、实有人数、与所管档案数量的比例，工作人员基本情况（年龄、文化程度、专业技术职务、从业时间等）；③库房情况统计：房屋间数、库房面积；④档案装具及设备统计：档案架、档案柜、档案箱统计，计算机、打印、复印机设施到位情况统计。

4. 人事档案内容统计

主要内容包括：①深入了解本单位人力资源状况，如学历结构、职称结构、年龄结构、业绩水平等；②对人力资源状况进行科学预测。

（三）人事档案统计工作的步骤

人事档案统计工作的步骤主要包括统计调查、统计资料的整理、统计分析。

1. 人事档案统计调查

人事档案统计调查是认真研究人事档案工作的开始，是整个人事档案统计工作的基础。人事档案统计调查的方式按照组织形式可分为统计报表制度和专门调查两类。

（1）人事档案统计报表是根据原始记录和有关人事档案工作的资料，按照统一的表格形式、统一的报送时间和程序，由基层单位自下而上地提供一定时期内人事档案工作有关资料的一种工作统计调查的组织形式。人事档案统计报表制度的基本内容包括人事档案统计报表的指标及其体系的确定、报表形式的设计、报表实施范围的规定、报送程序和日期的统一以及编写填写说明等。

（2）专门调查是根据一定的要求，研究人事档案工作中某些重要问题而专门组织搜集人事档案统计资料的形式。在实际工作中，为了对某些方面进行检查，便于指导工作，可采取专门调查的形式，不定期地统计一个方面的专题内容，如人事档案管理人员基本情况统计、库房设备情况统计、整理人事档案情况统计等。专门调查的范围可大可小，可以是全国乃至世界，也可以是某地区、某行业或某一社会组织；既可以是全面调查，也可以是抽样调查。究竟采取何种方式，应根据各专门统计工作的目的、任务及统计对象的实际情况，全面考虑所需经费、人力、物力、时间等因素。

2. 人事档案统计资料的整理

统计调查所收集的资料是分散的、不系统的，只能分别反映档案管理工作总体单位的个别特征，而不能反映档案管理工作总体的特征，更不能认识档案管理工作这个总体内在的规律性。即使在人事档案统计调查阶段收集到了正确、丰富的原始资料，如果不按科学的原则和方法对其进行整理，并进行统计分析，也难以得出正确结论。因此，统计资料的整理是统计调查的继续，又是统计分析的必要前提。

从人事档案管理工作的需要出发，人事档案统计资料的收集目前基本上是通过制发统计报表的形式，由各级组织、人事部门逐级汇总上报。而统计资料的整理要从实际情况出发，基本内容可分为以下五点：①根据研究人事档案工作诸问题的要求，确定反映人事档案统计分析需要的统计指标（项目）；②人事档案统计基础材料的建立和管理；③对人事档案统计调查取得的统计资料进行审核；④对人事档案统计调查的各类统计表进行汇总并整理出全面、系统的汇编资料；⑤人事档案统计历史资料的整理。

为更好地服务于人事档案管理工作，还应注重人事档案统计资料的积累，珍惜各时期有使用价值的各种人事档案统计资料，通过系统整理汇编成册，并妥善保存。既要整理现实的统计资料，也要重视历史资料的整理。

3. 人事档案统计分析

人事档案统计分析是在统计资料收集和整理的基础上，运用科学的统计方法对所研究的人事档案工作的现象由此及彼、由表及里地进行分析研究，进而从中发现问题、找出内在联系和发展规律。

人事档案统计分析的任务包括检查对人事档案工作有关政策规定的执行情况，检查人事档案工作计划完成情况，分析人事档案工作和人员队伍的发展变化情况，为制定人事档案工作的有关政策规定、规划提供数字依据。

根据具体的统计工作任务、目标及收集资料的特点，可以选用对比分析、交叉分析、静态分析、动态分析、专题分析、系统分析等方法来进行分析。

第四节　人事档案的利用与转递

一、人事档案的利用

人事档案的利用工作是人事档案管理部门以所收藏的人事档案材料为依据，通过一定的方式和方法，为人事工作和其他工作提供服务的一项业务工作。

（一）人事档案利用的地位和意义

1. 人事档案利用是人事档案工作发展的动力

假若没有利用，人事档案工作就失去了存在的价值。人事档案以档案形成为起点，以管理为基础，以利用为目的，以产生的社会效益和经济效益为效果。人事档案工作的成效和功能直接体现在利用服务上，这是人事档案工作的出发点和归宿。所以，人事档案工作者既要做好保密工作，又要合理有效地开展利用服务。人事档案利用服务既是人事档案工作发展的动力，又是人事档案事业的生命力所在。只有借助利用服务，才能使"死"材料变成"活"信息，才能体现出人事档案的价值，充分发挥其作用，使人事档案工作得到领导的重视和各方面的支持，促进人事档案工作的开展。

2. 人事档案利用是衡量人事档案管理工作质量的重要标尺

人事档案管理部门对档案的收集、鉴别、整理和保管等一切工作都是为了利用。人事档案之所以能够被利用、提供有价值的信息，是档案工作人员辛勤劳动的成果。该成果质量的优劣可通过利用服务得到实践的检验和回答。如果人事档案外观整齐美观、数量收集齐全、内容翔实准确、目录具体清楚、材料排列有序、保存完好整洁，利用起来有案可循、方便高效，就说明日常的人事档案管理工作是高质量的。相反，如果提供的档案在查阅中应予提供的档案材料在档案中没有，就说明档案内容不完整、收集不齐全；如果材料杂乱无章或不该归入的也归入了，就说明鉴别和分类工作质量不高，整理工作没有做好，档案工作还在低水平上徘徊。所以，通过提供利用不断得到信息反馈，检查发现工作中的问题，有利于总结工作，及时改进。

3. 人事档案利用是人力资源合理开发和使用的必要条件

人事档案对一个人的经历、品德、学识能力和业务水平等主要情况都有准确而全面的记载，为合理选拔和使用人才、充分发挥人才优势提供了可靠的依据，因此，正确处理利用和保密的关系，尽量拓宽利用服务面，为人力资源的开发、配置和使用提供可靠的科学依据，有利于克服用人的盲目性和随意性，纠正用人唯亲、以权谋私等不正之风。

4. 人事档案利用是人事档案业务工作的中心环节

人事档案业务工作诸环节中，利用服务处于主导地位，是人事档案管理的中心环节，因为它直接与利用者发生关系，直接体现人事档案工作的政治性和服务性，体现整个人事档案工作的作用和成果。人事档案工作从古至今能够得以存在和发展，主要在于它的利用价值，而价值是通过利用服务来体现的。

因此，人事档案利用工作始终是人事档案业务基础建设工作中的一个重要环节，可以透视人事档案工作的全貌。收为用，整为用，管为用，人事档案的一切工作都是为了利用。没有利用工作，人事档案的作用就不能具体体现出来；没有利用工作，人事档案工作就不能生存和发展；没有利用工作，人事档案工作的质量就没有衡量标准。

（二）人事档案利用工作的要求

人事档案利用工作的基本要求是：在维护人事档案秘密和安全的前提下，积极稳妥地为利用者提供优质服务。具体要求如下：

第一，单位的人事部门应根据有关规定和本单位人员的职务级别情况，制定查阅人事档案的范围、批准权限、登记手续以及查阅注意事项等制度，保证利用工作有章可循。

第二，查阅、借阅人事档案必须是因工作需要，并按规定办理查阅或外借手续。未经组织授权，任何人不得查阅人事档案。

第三，严格限制查阅、借阅人事档案人员的政治身份。

第四，查阅人事档案人员应遵守保护个人隐私的规定。

第五，严禁本人查阅、借阅自己和直系亲属的人事档案。

（三）人事档案利用服务的范围

人事档案利用服务的范围主要是指可以向哪些组织和部门、因何种工作需要利用人事档案以及可以利用什么内容，包括对内利用服务和对外利用服务两种。

1. 对内利用服务

对内利用服务是指该人员（相对人）的所在单位或上级主管、协管单位的组织、人事、劳动部门申请利用人事档案。这种利用服务的前提是必须通过利用人事档案才能完成工作任务，以研究解决该人员的问题为主。

对内利用服务范围主要有：①组织对人员进行考察了解；②办理人员职务、职称呈报与审批事宜；③审批人员的工资、福利、待遇及办理离休、退休手续；④呈报或审批人员的入党、入团、参军、提干、出国等事宜；⑤核实或审定人员的政治历史、参加工作时间、入党时间、年龄、学历、学位以及某阶段的主要表现情况；⑥纪检、监察部门办理党员、工作人员违纪、违法案件及有关审查处理事宜；⑦商办人员的调动事宜；⑧死亡后撰写悼词、生平；⑨编史修志工作需要提供相对人的经历和社会实践情况，而相对人已死亡或病重或其他原因无法提供情况的；⑩办理与相对人有直接关系的其他事项，必须利用人事档案的。

2. 对外利用服务

对外利用服务是指外单位和非主管单位申请利用人事档案，一般限于以下情况：①相对人因违法乱纪受到法律追究，有关部门需要查阅其人事档案的；②相对人是他人政治历史问题或其他问题的主要证人，而本人已死亡或病重不能口述或其他原因不能提供证明材料的；③相对人与重大案件或重大事件有直接关系，而本人已死亡或病重或其他原因不便由本人直接提供情况的；④相对人是某史志中的重要人物或与某事件直接相关，而本人已死亡、病重或其他原因不能提供情况的。

人事档案自形成之日起直至相对人死亡的长时期内，都保存在人事档案管理机构，处于封闭期，机密性强，利用服务的范围受限。随着人事制度改革和社会信息化进程的提高，人事档案利用服务范围可能会有适当调整。

一般来讲，遵循利用服务范围和人员管理范围相一致的原则，在人事管理权限没有改变前，人事档案管理部门对档案的利用服务范围不能变动，而且要做到内外有别。对内部的利用服务是人事档案利用服务的主要方面，档案管理部门对符合利用手续的应无条件地给予提供；对外部的利用服务是在特定条件下对人事档案的利用，档案管理部门应根据不同情况决定是否给予提供或限制提供档案内容。例如，某人是所要撰写的革命史中的重要人物，需要了解其情况时，一般应找本人口述，人事档案不予提供利用，若确因本人已经死亡或因病不能口述时，可以提供人事档案的履历和自传部分。又如，某人要求调动工作，未征得所在单位的组织、人事部门同意，接收单位要求查阅该人档案，档案部门要按人事管理权限，征得主管人事部门同意后，方能提供利用。

（四）人事档案利用服务的方式

人事档案利用服务的方式是指档案管理机构在符合利用服务的范围内，所进行利用服务的具体形式，主要包括查阅、外借、出具证明等。

1. 查阅

查阅是利用者到人事档案管理部门去查看所需要了解的档案材料。人事档案部门在提供查阅利用服务时，按照查阅的要求，可以提供人事档案的原件或复制件，也可以提供人事档案资料卡片或人事档案信息。

为方便利用者查阅档案材料，人事档案管理部门应提供固定的查阅场所，选择宽敞明亮、环境安静的地方作为阅档室，面积可根据本单位情况自定。同时，应配备适当的桌椅和服务设施，为查阅创造良好的环境条件。阅档室与档案库房、办公室应"三分开"，如果混用，既不利于查阅，也不利于档案的保管和安全。

作为人事档案提供利用的主要方式，查阅具有以下优点：①查阅可以满足大量的人事工作需要，适应于普遍的利用；②查阅不仅有利于档案利用，还有利于档案保密，材料不出门，可以有效地防止利用中的泄密和丢失；③到档案室查阅，档案周转速度快，有利于及时给多方面提供利用；④便于查阅者得到人事档案管理人员的指导和帮助；⑤对外部提供利用时，档案管理人员可以监督利用者查阅指定范围的内容。

2. 外借

外借是组织、人事、劳动部门为了完成某项人事工作任务，通过查阅不能满足其需要时，必须将人事档案或人事档案材料借出使用而采取的一种利用服务方式。它是人事档案管理部门满足人事工作某种特殊需要而采取的一种变通的服务方式。

实际工作中，人事档案或人事档案材料外借必须有正当理由，并经过主管部门负责人的批准。外借一般有以下九种情况：

（1）上级机关因办理或审批有关组织、人事工作的事项（任免、出国、提干等）需要借用人事档案；

（2）单位领导或组织、人事、劳动部门因工作需要借用本单位保管的人事档案；

（3）函调工作人员需要将该相对人档案寄送接收单位审查的；

（4）审查和批复相对人政治历史问题、"三龄"（年龄、工龄、党龄）、学历、学位等问题，需要对该相对人档案中有关材料进行详尽了解和研究的；

（5）人事档案的内容需要领导亲自过目或需要集体讨论研究有关问题的；

（6）入党、入团时进行审查及办理手续中需要借用人事档案的；

（7）相对人受组织处理或与某案件有关，执法、纪检、监察等部门需要详细查阅其有关情况的；

（8）因组织、人事、劳动工作特殊需要必须借用人事档案的；

（9）其他特殊情况，主管领导同意借出的。

查借阅人事档案需由查借阅单位开具介绍信，将何单位、因何事去何单位查何人档案等内容叙述清楚。干部档案查借阅手续更为严格，还须填写干部档案查借阅审批表。

查阅是人事档案利用的主要方式，外借是为满足人事工作某种特殊需要而采取的一种变通的服务方式。《干部档案工作条例》和《企业职工档案管理工作规定》都明确要求，凡查阅人事档案，利用单位应派可靠人员到保管单位查阅室查阅，档案一般不外借，之所以做出这种规定，是因为档案被借离保管单位后，借用单位的保管条件没有人事档案部门规范和安全可靠，外借会加速档案的磨损老化，缩短档案的寿命；人事档案借出后，被哪些人查阅、摘抄、复制等利用情况难以及时了解和控制，容易造成失密和泄密；人事档案属于"孤本"，借出后就无法满足其他利用者的查阅，若借出过多、过于频繁，将会影响正常的利用服务。

3. 出具证明

档案证明是指人事档案管理部门根据有关档案用户的申请，为核查某种事实在库存档案中的记载情况，根据档案原件编制的书面材料证明。

人事档案是相对人基本情况、德能勤绩各方面表现及经历的原始记录，是组织上为了解、培养和使用人员建立起来的，具有专指性、动态性特征。人事档案反映一个人的情况是通过全部档案材料综合反映的，不能仅靠其中某一份或某一条材料为依据。为此，人事档案管理部门一般不利用档案原件开具证明材料，证明他人他事。人事档案利用服务实践表明，人事档案管理部门出具证明的服务一般是在以下四种情况提供：

（1）要查证的问题与该相对人有直接关系，而相对人已经死亡、病重不能口述或其他原因不便提供材料，而该相对人的人事档案中确实有能证明该问题的文字记载；

（2）该相对人子女因政治审查必须由组织出具书面材料证明其身份和有关情况的；

（3）司法、公安、监察、纪检等部门因工作需要了解某相对人身份和有关情况的；

（4）其他特殊需要，经人事档案部门主管领导批准应予开具档案证明材料。

人事档案部门不是公证机关，不能代替其他部门的职权和任务。档案部门出具的证明只能反映机关或个人要求证明的某个事实，在档案中有无记载和何处记载的，不能直接对某个问题下结论或附加结论，也不可擅自对档案材料做出解释。在实际工作中，如发现档案的原文在内容方面有矛盾时，档案人员应当把几种不同的档案信息内容一并列入档案证明，以供档案利用者分析、研究和参考。对档案原文中所出现的个别难以理解的词语或事件，档案人员也可以进行必要的注释或说明。

二、人事档案的转递

人事档案转递是指人事档案管理部门之间、人事档案管理部门与形成人事档案材料部门、利用人事档案部门之间对人事档案或人事档案材料的接收或转出。

（一）人事档案转递的意义

1. 保证人事档案能及时地为人事工作提供服务

人事档案转递工作是体现人事档案动态性的一项基本业务。当一个人的工作单位或主管单位改变后，其人事档案的管理就相应地发生了改变，即转至新的工作单位或主管单位，以保持人事档案和该人管理单位相一致。如果转递工作做不好，该转的不能及时送转，就会造成人员管理与人事档案管理脱节。原管单位有档无人，形成"无头档案"，人事档案不能发挥作用；新工作单位或主管单位则"有人无档"，影响对工作人员的考察了解和培养使用，甚至可能造成用人失误。所以，人事档案转递工作是人事档案管理部门及时为人事工作提供服务的重要工作之一，是人事档案管理工作中的一项经常性业务。

2. 丰富充实人事档案内容的主要途径

转递工作与人事档案材料收集工作密切相关，各有关组织形成的人事档案材料大部分是通过转递的方式送交人事档案管理部门的。因此，人事档案的转递工作也是一项基础性业务，有利于做到"档随人走"，丰富和充实档案的内容。

3. 维护人事档案完整性和真实性的必要手段

人事档案管理工作必须严格执行转递制度，才能确保人事档案的完整性和真实性，有效地防止人为因素对人事档案的损坏。倘若转递制度松弛，漏洞百出，就可能造成"人档分离"，产生大量"无头档案"，使人事档案质量和内容的可信度降低，影响其凭证和参考价值。所以，应健全转递制度，做好转递工作，努力维护人事档案的完整性和真实性。

(二) 人事档案转递的要求

1. 及时

为避免发生"有人无档"或"有档无人"的现象，必须及时传递人事档案。人事档案管理部门应与人事管理部门密切合作，相互衔接好。人事管理部门在员工提升、调动、复员、离休、退休的决定和通知下达后，就应及时抄送或通知人事档案管理部门，以便续填职务变更登记表和转递人事档案。

2. 准确

转递人事档案必须以任免文件调动通知或函调函为依据，在确知有关人员新的主管单位后，直接将人事档案转至该人新的主管单位。不要把人事档案转到非人事主管单位的上级机关或下级机关，更不能盲目外转。

3. 完整

转出的人事档案必须保持完整，将本人的所有人事档案材料一次性全部转出，若有零散材料，应按规定进行整理和装订。任何单位或个人不得以任何借口扣留任何材料或分批转出。接收单位如果发现转来的档案不完整，有权将档案退回原单位并说明理由。

4. 安全

人事档案转递工作要确保人事档案材料的绝对安全，杜绝失密、泄密和丢失现象。转递人事档案只能用机密件通过机要交通转递，也可由转出或接收单位派专人送取。人事档案不得以平信、挂号、包裹等形式公开邮寄，一般不允许本人自带。凡转递人事档案，均应密封并加盖密封章，按规定详细填写统一的人事档案转递通知单，接收单位应在收到人事档案并核对无误后签名、盖章，并及时退回回执，确保人事档案的绝对安全。

（三）人事档案转递的方式

人事档案转递的方式主要有转入和转出两种。

1. 转入

人事档案转入（或接收）的手续一般是：

（1）审查人事档案转递通知单，看其转递理由是否充分，是否符合转递规定；

（2）审查档案材料是否属于本单位所管人员的，以防收入同名同姓异人的档案材料；

（3）审查清点人事档案材料的数量，看档案材料是否符合档案转递通知单上列出的项目，是否符合转入要求，有无破损；

（4）经过以上三个步骤，确认无误后，在人事档案转递通知单的回执上签名盖章，并将通知单回执退回寄出单位，同时，在档案转入登记簿上详细登记。

2. 转出

人事档案转出的方式分零星转出和成批移交两种。

（1）零星转出是指日常工作中经常性、数量不大的人事档案或应归入人事档案的材料及时转递给有关单位，是转出的主要方式，一般通过机要交通渠道来完成。

人事档案零星转出的手续一般是：①在转出档案（材料）登记簿上登记，注明转出时间、材料名称、数量、转出原因、机要交通发文号或请接收人签字；②在档案底册上注销并且详细注明何时何原因转至何处以及转递的发文号；③填写转递人事档案通知单并按发文要求包装、密封、加盖密封章后寄出。

（2）成批移交是指人事档案管理单位或部门之间数量较多的人事档案的交接。经双方商定后，一般由专人或专车取送。如果交接单位相距太远，则通过机要交通转递。每年7月初高校将大量毕业生档案转至其生源地人才服务中心就属于这种方式。

人事档案成批移交的手续一般是：①将要移交的人事档案全部取出，在转出登记簿上详细登记，并在档案底册上注明；②编制人事档案移交清单，注明移交原因、移交时间、移交数量、移交单位和经办人、接收单位和经办人等，清单一式两份，双方办妥签名盖章

---

① 经接收单位书面提出，有的人事档案允许封好自带。但一定要严格密封并加盖密封章，保证人事档案袋完好无损。

后各保留一份，以备查考。

（四）"无头档案"的处理

"无头档案"是指查找不到档案涉及人下落、无法转递而积存在人事档案管理部门的人事档案或应归入人事档案的材料。"无头档案"长期滞留在原人事档案管理部门，既转不出去，又不能销毁，不仅不能发挥作用，还须浪费人力、物力去管理；新单位却因没有人事档案而影响对该员工的考察和使用。

造成这种情况的原因主要有：单位人事档案管理制度不健全，以至于单位变动或人员调动时，未及时转递相关人事档案；转递工作出现差错等。为了防止"无头档案"的产生，各单位的人事档案管理部门应建立健全人事档案管理制度，及时根据机构或人员变动情况接收、鉴别、整理、补充和转递人事档案。

如果出现"无头档案"情况，人事档案管理部门在处置"无头档案"时应注意以下三点：①依据有关规定，认真鉴别该档案材料是否具有保存价值。对于一般性简历登记表格和作为组织参考性的人事档案，可以报领导批准销毁；而对于有保存价值的人事档案，应继续保存，并应尽量查清档案所属人员的下落，转递给有关部门；②通过人事档案的形成部门、涉及相对人原工作单位或其直系亲属和社会关系等线索，认真查询档案人的下落；③经多方查询确实难以找到档案人下落的"无头档案"，可以根据规定将其转交档案人原籍档案馆保存。

第三章 | 人才流动背景下的人事档案管理建议

第一节　流动人才的多元化发展

一、人才跨境流动日益频繁

人才流动是深层次、全领域参与全球经济竞争的体现，改革开放使得我国人口国际流动从封闭型向开放型转变，中国加入世贸组织使中国经济更加深入全面地参与国际竞争，迅速形成新一轮人才流动潮。"一带一路"倡议政策的实施与推进促进了沿线中国人民与各国人民友好往来的"新浪潮"，跨境婚姻、跨境务工、跨境教育的常态化使海外从事劳务及商务活动的人员以及留学生群体成为人口跨境流动的主力军。党的十九届五中全会提出推动构建以国内大循环为主体、国内国际双循环相互促进的新发展格局，以贯彻落实新发展理念，实现国民更好更快就业的目标，随着世界经济格局从"静态空间"转变为"流动空间"，也进一步推动国家间人才频繁流动。

二、人才跨区域流动日益密集

改革开放强大的"推拉效应"导致中国人口迁移以广大的中西部流向东部沿海为主流。党的十八大以来，中央关于东北老工业基地振兴战略、中部地区崛起战略、京津冀协同发展战略、长三角一体化战略、粤港澳大湾区建设等的实施进行了一系列部署与创新发展。党的二十大进一步重视区域协调发展的走向，总的来说，区域经济不断优化发展是目前经济发展中显著的亮点之一。区域间人力资源的有效配置、自由流动、互帮互助、相互共享是区域一体化的要求。一方面，不同城市群、经济区发展进程不同，形成了不同的产业结构和人力资源结构，产业从业人员区域间的合理流动可以促进区域就业结构合理化；另一方面，党的十八大以来，科技创新驱动经济转型升级与发展是我国提出的新的发展战略，人才是科技创新驱动中最为重要的资源，也是最核心的一部分，而高层次人才资源更为重要。各地方政府为形成区域竞争优势多措并举引才聚才，人才竞争日趋白热化，"人才争夺战"席卷全国。国内人才流动已从单纯流向东部、发达城市转变为多区域紧密流动。

三、人才跨组织类型流动日益常态

我国的组织类型主要有政府机关、事业单位、国有企业、其他非公组织四类人才单位主体。以往人才组织间流动主要以同一类型组织间流动为主，政府机关、事业单位、国有企业和其他非公组织之间虽有一定的人员交流，但数量极少。由于编制、职数和任职资历等因素而导致组织间人才双向顺畅流动机制还没有真正建立起来，从政府机关、事业单位流向企业及其他部门的人才非常多，而从企业、社会流向政府机关、事业单位的人才只能通过公务员考录和"绿色通道"引进。《中共中央关于全面深化改革若干重大问题的决定》文件指出，要改善党政人才、机关人才、企事业单位人才和社会各方面人才顺畅流动的制度体系，可归纳为以下三点：一是进一步改善企事业单位有能力的人才流入公务员队伍的资格条件；二是改善健全党政人才、企业经营管理人才交流合作制度；三是加大促进企事业单位和党政机关领导人员跨地区、跨部门交流经验、交换任职的力度。《关于促进劳动力和人才社会性流动体制机制改革的意见》提出对现有的、现行的用人制度进行强有力的改革，加大对党政人才与企事业单位的管理、技术、研发人才交流学习力度，疏通阻塞企业与社会人员流入党政机关与国有企事业单位之间的障碍。

四、灵活就业模式日益普及

灵活就业，简单来说指由于就业性质、工作性质等方面的原因得不到相关法律、法规、政策等充分保护的一种灵活的就业形式。传统的灵活就业只强调用工的"临时性"和"项目性"，而信息技术与互联网的发展改变了灵活就业的用工模式，是一种按需雇佣模式，也称零工经济，工作时间、种类和形式依托互联网和新兴科技的应用而越来越灵活，给更多有能力的群体提供了实现自身价值的平台和发挥自身特长的机会。在线平台发展促进了零工经济迅速崛起，国际与国内从事零工经济的人越来越多，预计到2036年中国将约有4亿人进入零工经济行业。当前，"地摊经济"逐步"合法"增加了灵活就业人数。"地摊经济"是灵活就业的特例之一，为大量的闲置人员提供了就业渠道，中国作为人口大国，灵活就业用工模式解决了国家大部分地区的就业难问题，为人才释放自身价值和价值变现提供了条件。

第二节　流动人才人事档案的托管与保管管理

一、流动人才人事档案的托管管理

本部分以北京市流动人才为例，重点介绍单位委托管理（单位立户登记、单位信息变更、单位销户登记）、存档业务管理（存档受理、档案接收、档案暂存、档案存档类别变更）和档案材料收集归档业务。

（一）单位委托管理

单位委托管理业务是指依据有关规定，为用人单位办理委托保存职工人事档案的手续，包括单位立户登记、单位信息变更和单位销户登记。

1. 单位立户登记

具体操作流程如下。第一步：申请人提交申请材料；第二步：服务窗口审核申请材料，检查单位立户是否唯一，如不符合立户规定，及时告知申请人；第三步：审核通过后，申请人填写单位立户登记表；第四步：服务窗口登记立户信息，与申请人签订《单位委托存档协议》；第五步：服务窗口审核立户是否收费，需要收费的，开具缴费通知单，申请人缴纳立户费用；第六步：服务窗口开具立户凭证交单位经办人；第七步：申请材料、单位立户登记表、单位委托存档协议归入文书档案管理。

注意事项如下。第一，带齐申请材料：①立户单位的企业法人营业执照、事业单位法人登记证、社会团体法人登记证副本和单位成立证明文件原件及加盖公章的上述材料复印件，分支机构还须提供总部授权独立开户的证明；②组织机构代码证、社会保险登记证副本原件及加盖公章的复印件；③单位介绍信，法定代表人身份证复印件，经办人身份证原件和复印件。第二，《单位委托存档协议》提前填妥并加盖单位公章。

2. 单位信息变更

具体操作流程如下。第一步：申请人提交变更申请材料；第二步：服务窗口审核申请材料，不符合规定的，及时告知申请人；第三步：服务窗口进行限制服务检查，如属于限制服务，则不予受理并告知原因；第四步：申请人填写单位信息变更申请表；第五步：服务窗口审核单位变更内容，如变更委托存档协议，终止原协议，签署新协议，登记变更信息；如单位变更其他信息，按提交材料，登记变更信息；如单位变更名称，须修改立户凭证提交申请人；第六步：申请材料、单位信息变更申请表、原协议、新协议归入文书档案管理。

注意事项如下。第一，带齐申请材料：①《单位委托存档协议》，立户凭证；②有关部门批准单位变更名称、注册地址、法人代表等相关事项的证明文件，变更后的营业执照副本、法定代表人身份证原件及加盖公章的复印件；③单位信息变更通知，经办人身份证原件和复印件。第二，限制服务，是指应有关组织或单位要求、欠缴费用、档案外借以及其他特殊情况发生时，档案管理机构对存档单位或个人档案进行冻结，并限制提供相关服务。限制服务分为完全冻结、部分服务限制、服务提醒三个级别，限制服务原因消除后，可降低等级或解除限制。

3. 单位销户登记

具体操作流程如下。第一步：申请人提交销户申请材料；第二步：服务窗口审核申请材料，如不符合规定，及时告知申请人；第三步：服务窗口进行限制服务检查，如限制服务，则不予受理并告知原因；第四步：查询单位是否空户，如不是空户，则不予受理并告知原因；第五步：审核通过后，申请人填写单位销户申请书；第六步：服务窗口登记销户信息，收回立户凭证和《单位委托存档协议》；第七步：申请材料、单位销户申请书归入文书档案管理。

注意事项如下。第一，带齐申请材料：①《单位委托存档协议》，立户凭证；②单位销户申请；③经办人身份证原件和复印件。第二，若此服务受限，则不能办理，只有解除限制条件后，方可办理；如有留存档案，档案全部调转后成为空户，方可办理销户。

（二）存档业务管理

存档业务管理是指档案管理机构为委托存档单位职工、存档个人办理存档的服务过程。

1. 存档受理业务

具体操作流程如下。第一步：申请人提交申请材料；第二步：服务窗口根据申请类型审核申请材料，如不符合规定，及时告知申请人；第三步：审核通过后登记申请信息，出具档案接收相关手续；第四步：申请人办理调档手续；第五步：对寄（送）达的档案，通知申请人办理存档手续，并将档案暂存（详见档案暂存管理业务）；第六步：申请人提交材料办理档案接收（详见档案接收业务）；第七步：申请材料归入文书档案管理。

注意事项如下。第一，带齐申请材料：若为个人委托存档，须提供本人身份证原件及复印件、户口本原件；若为单位委托存档，须提供立户凭证/单位介绍信、经办人身份证原件及复印件。此外，北京生源应届毕业生还须提供《毕业生就业协议书》；退伍、复员、转业军人须提供相关证件；失业转就业须提供就业登记表；申报引进人才、解决夫妻分居调京人员提供申报单位证明和接收单位接收函。第二，不同类型人员申请材料有别，要辨别申请人身份，根据申请类型审核材料是否合格。审核通过后出具相应的接收手续：为外地调京人员开具档案接收函，与毕业生签订就业协议书，为军队转业干部开具申请自谋职业函，为其他人员开具北京市人才流动函调函。第三，函调函表明档案接收单位愿意接收申请人的档案，是申请人到档案转出单位办理档案转出手续的重要凭证；一定要按照函调函中规定的转出方式（可以密封盖章自取还是必须机要寄送），在规定日期内办理调档手续。

2. 档案接收业务

具体操作流程如下。第一步：申请人提交申请材料。第二步：服务窗口审核申请材料，如不符合规定，及时告知申请人。第三步：按照《北京市流动人员人事档案接收审核及材料收集分类指导标准》要求审核档案，检查是否存在该份档案对应的数字化档案，如果存在，则调阅数字档案，对档案材料进行对比审核；如果不存在，则直接审核档案材料。对材料缺少但符合接收条件的档案，服务窗口出具《委托保存人事档案缺少材料告知书》，告知申请人及时补充，办理接收手续；审核不合格则退回，并出具退档告知书说明不予接收的原因，退回至档案转出单位。第四步：审核通过后，登记存档信息，如果是个人委托存档，签订《个人委托保存人事档案合同》；如果是单位委托存档，收取单位新增存档人员表。判断是否需要进行特殊档案管理。第五步：开具存档凭证、档案转递回执交申请人，需要缴纳存档费的，申请人到财务窗口缴纳费用。第六步：档案转递通知单、档案材料清单（目录）、存档登记表、委托存档合同、就业报到证、高校毕业生生育情况证明、用人单位招用人员就业登记表、自谋职业、自主创业和灵活就业人员个人就业登记表、民政局安置办公室介绍信、军转办介绍信、行政介绍信、工资介绍信、人员调动供给介绍信、委托保存人事档案缺少材料告知书归入档案，其他申请材料归入文书档案管理。第七步：服务窗口将档案移交库房，库房管理人员将档案整理后登记入库。

注意事项如下。第一，带齐基本材料：①个人委托存档：北京市流动人员存档登记表、人事档案；②单位委托存档：北京市流动人员存档登记表、人事档案、单位立户凭证、《单位新增存档人员表》。第二，下列人员还须提供以下材料：①正常调动存档：档案转出单位出具的行政工资介绍信；②毕业生存档：就业报到证、高校毕业生生育情况证明；③失业转就业：用人单位招用人员就业登记表或自谋职业、自主创业和灵活就业人员个人就业登记表；④军人复员（退伍）：北京市民政局安置办公室介绍信；⑤军队干部转业：北京市人民政府军队转业干部安置办公室通知、原单位行政介绍信；⑥军队干部复员（转业）：人员调动供给介绍信；⑦其他：档案中应具备的其他相关材料。第三，北京生源应届毕业生在申请委托存档时，必须提供《毕业生就业协议书》，办理档案接收手续时，还需持就业报到证，其抬头单位必须与《毕业生就业协议书》以及一年后办理转正定级的大中专毕业生见习期鉴定表中的单位保持一致。

3. 档案暂存管理业务

具体操作流程如下：

登记入库。第一步：服务窗口对寄（送）达的档案按照《北京市流动人员人事档案接收审核及材料收集分类指导标准》要求审核档案，对已经数字化的调阅数字档案审核；第二步：填写档案审核登记表；第三步：档案库房进行档案入库；第四步：发布档案到达信息供申请人查询；第五步：档案审核登记表归入文书档案管理。

转出。第一步：服务窗口清查暂存档案；第二步：审核合格的，通知申请人办理存档手续，档案出库办理档案接收，建立正式委托存档关系；审核不合格的，告知申请人不予接收的原因，档案出库办理档案转出，退回原单位。

注意事项如下。第一，档案入库前必须进行审核、登记。第二，服务窗口清查暂存档案，如发现错寄档案、超过暂存期限的，档案出库办理档案转出，退回原单位；如属于就业转失业人员档案，档案出库办理档案转出至社保所；如属于未就业毕业生初次就业，档案出库办理档案转出至接收单位。

4. 档案存档类别变更业务

具体操作流程如下。第一步：申请人提交申请材料；第二步：服务窗口审核材料，检查限制服务情况，不符合规定的，及时告知申请人；第三步：审核通过后，申请人填写存档类别变更申请表；第四步：服务窗口判断是否需要重新签订存档合同，登记存档类别变更信息；第五步：修改存档凭证交申请人；第六步：将单位同意转入或转出证明、单位委托存档人员解除存档合同证明信、单位委托存档人员聘用期内鉴定表、存档类别变更申请表移交档案库房归入档案。

注意事项如下。第一，带齐申请材料：①单位委托存档转入提供单位同意转入证明、单位委托存档转出提供单位同意转出证明或单位委托存档人员解除存档合同证明信及单位委托存档人员聘用期内鉴定表；②本人身份证；③存档凭证。第二，存档类别变更后，应在相应登记簿上登记类别变更信息。

（三）档案材料收集归档

档案材料收集归档（又称零散材料收集归档），是指依据有关规定办理档案材料收集归档手续。随着存档人员学历、工作经历及技能水平的提升变动，如继续教育成绩表、职业资格证书等后续获得的材料应及时放入本人的档案袋中。

具体操作流程如下。第一步：申请人提交归档申请材料。第二步：服务窗口审核申请材料，不符合规定的，及时告知申请人。第三步：服务窗口进行限制服务检查，若此服务受限，则不能办理，只有解除限制条件后，方可办理。第四步：服务窗口审核归档材料，将审核未通过的材料退还申请人；审核通过的，对材料进行整理，登记归档材料信息，填写档案材料收集归档登记表。第五步：申请人核实登记表信息并签字确认。第六步：服务窗口在登记表上签字，将归档材料移交档案库房。第七步：档案库房签字确认，整理档案材料，归入本人档案。第八步：档案材料收集归档登记表、单位介绍信归入文书档案管理。

注意事项如下。第一，带齐申请材料：①个人委托存档，须携带本人身份证、存档凭证；单位委托存档，须提供立户凭证、单位介绍信、经办人身份证；②归档材料。第二，收集归档的材料应符合《北京市流动人员人事档案审核接收及材料收集分类指导标准》的要求。第三，存档人员后续提交的零散材料一定要及时办理，并将材料归入本人档案袋，避免丢失、遗漏或错放。第四，核实登记归档信息、移交库房等环节都必须经双方签字确认。

二、流动人才人事档案的保管管理

本部分以北京市流动人才人事档案保管业务为例，重点介绍档案入（出）库管理、库房环境管理、特殊档案管理业务。

（一）档案入（出）库管理业务

档案入（出）库管理业务是指对档案进入或调出档案库房的过程进行管理。

1. 档案入库业务

具体操作流程如下。第一步：服务窗口填写档案入库通知单，将档案移交档案库房。第二步：档案库房复核档案，包括材料与目录是否一致、是否属于同一个对象等；复核未通过的档案，退回服务窗口进行特殊档案管理后，再办理档案入库；复核通过的档案，签字确认。第三步：登记档案入库信息，对于新增档案，登记新增档案花名册。第四步：档案入库。

注意事项如下：第一，库房管理员须对档案进行认真复核，不合格档案应退回服务窗口进行特殊档案管理后，再办理档案入库；第二，档案入库通知单、新增档案花名册归入文书档案管理。

2. 档案出库业务

具体操作流程如下。第一步：服务窗口填写档案出库通知单，申请档案出库；第二步：档案库房登记出库时间并签字，将档案移交服务窗口；第三步：库房与服务窗口档案交接，并签字确认；第四步：服务窗口对已转出的档案进行确认，若转出成功，通知档案库房；第五步：档案库房将已转出档案的数字信息归档。

注意事项如下：第一，库房和服务窗口进行档案交接时，双方均应签字确认；第二，出库原因可能是转出、外借或其他，若转出成功，服务窗口应通知档案库房；第三，档案出库通知单应归入文书档案管理。

（二）库房环境管理

库房环境管理业务是指依据国家有关规定，档案管理机构对库房环境和设备进行管理的过程。

具体操作流程如下。第一步：对库房的温度、湿度进行监测并记录，如果温度或湿度超标，则须调整温度或湿度控制设备，使其达到适宜的温度或湿度（温度 14～24℃，相对湿度 45%～65%）；第二步：对库房的防光和防蛀情况进行检查并记录，避免阳光直射档案、定期施放驱虫的药剂，使用防腐、防虫物品，采取防虫、灭鼠措施；第三步：检查库房的防火、防盗设备并记录，做好防火、防盗设备的日常维护工作；第四步：检查库房管理制度执行情况并记录，加强管理力度，提高管理水平；第五步：遇到重大问题及时上报进行处置。

注意事项如下：第一，档案库房应由专人负责管理；第二，严格执行人员进出库制度；第三，档案库房应定期进行以上检查并记录结果，做好防火、防潮、防蛀、防盗、防光、防高温等工作，保证库房环境安全。

（三）特殊档案管理

特殊档案管理是指对特殊身份人员的档案和档案材料存在问题的档案进行识别、标识、登记、保存和处理的管理。

具体操作流程如下。第一步：识别特殊档案；第二步：对特殊档案进行标识，登记特殊档案信息，填写特殊档案登记表；第三步：对特殊档案进行限制服务。

注意事项如下。第一，特殊档案包括：缺乏关键材料或数据的档案，档案内容与档案目录不符的档案，档案材料混装的档案，一人多档的档案，材料严重破损的档案。特殊人员档案包括超龄人员、出国、弃档、无死亡证明的档案，其他需要特殊管理的档案。第二，限制服务是指档案管理机构对存档单位或个人档案进行冻结，并限制提供相关服务。限制服务分为完全冻结、部分服务限制、服务提醒三个级别，限制服务原因消除后，可降低等级或解除限制。

第三节　流动人才人事档案的利用与转递管理

一、流动人才人事档案的利用管理

本部分以北京市流动人才为例，主要介绍人事档案材料复印、人事档案材料打印、人事档案借阅、人事档案调阅、开具证明、职称申报服务、办理生育服务证、独生子女申请服务、函调政审服务和退休服务共十项利用服务业务。

(一) 人事档案材料复印

人事档案材料复印是人事档案管理机构向有关组织、单位提供档案材料复印的服务过程。

具体操作流程如下。第一步：申请人提交申请材料，提出复印申请。第二步：服务窗口受理申请，审核所提供材料是否合格、存档个人是否被限制服务，不符合规定的，不予受理，并告知申请人；对满足办理条件的，申请档案出库。第三步：档案库房办理档案出库。第四步：服务窗口根据申请人提出的事由，取出所需复印的档案材料，登记复印材料信息，填写档案材料复印/打印申请表，申请人在档案材料复印/打印申请表上签字确认。第五步：服务窗口复印材料并盖章，交给申请人。第六步：服务窗口将档案材料按编目顺序放回档案袋交还档案库房。第七步：档案库房将档案入库。

注意事项如下。第一，带齐申请材料：存档凭证、本人身份证、档案材料复（打）印申请表，如系单位委托存档，需单位介绍信。第二，复印材料须盖章方有效。第三，档案材料复印/打印申请表、单位介绍信归入文书档案管理。

(二) 人事档案材料打印

人事档案材料打印是人事档案管理机构向有关组织、单位提供档案材料打印的服务过程。

具体操作流程如下。第一步：申请人提交申请材料，提出打印申请。第二步：服务窗口受理申请，审核所提供材料是否合格、存档个人是否被限制服务，对不满足办理条件的，不予受理；对满足办理条件的，办理档案调阅。第三步：服务窗口根据申请人提出的事由，提取所需打印的档案材料影像，登记打印材料信息，填写档案材料复印/打印申请表；申请人在档案材料复印/打印申请表上签字确认。第四步：服务窗口打印材料，盖章后交给申请人。

注意事项如下。第一，带齐申请材料：存档凭证、本人身份证、档案材料复（打）印申请表，如系单位委托存档，需单位介绍信。第二，打印材料须盖章方有效。第三，档案材料复印/打印申请表、单位介绍信归入文书档案管理。

(三) 人事档案借阅

人事档案借阅业务是指依据有关规定，向有关组织、单位提供档案实体查阅和档案实体外借服务，包括档案查阅、档案材料外借、档案外借三种业务。

1. 档案查阅

具体操作流程如下。第一步：申请人提交申请材料，提出查阅申请。第二步：服务窗口审核提供材料是否合格、存档个人是否被限制服务，对不满足办理条件的，不予受理；对满足办理条件的，申请档案出库。第三步：档案库房办理档案出库手续。第四步：服务窗口登记档案查阅信息，填写档案查阅登记表。第五步：申请人在档案查阅登记表上签字确认后，在阅档室查阅档案；服务窗口对查阅过程进行监控，阅档完毕后，清点档案材料，对查阅过程中出现的涂改、圈画、抽取、撤换档案材料等情况按照相关规定进行处理，确认无误后，归还档案库房。第六步：档案库房办理档案入库。

注意事项如下。第一，带齐申请材料：查阅单位介绍信、两名以上查阅人的身份证、被查阅人存档凭证、单位委托存档的单位介绍信。第二，查阅存档人员的人事档案须办理审批手续，申明查阅理由，档案管理机构根据规定和需要确定须提供的档案材料。第三，查阅单位应派中共党员（或可靠工作人员）到档案管理机构查阅存档人员的人事档案，一般派两名以上查阅人。档案管理机构要监控查阅过程，严禁查阅者涂改、圈画、抽取、撤换档案材料，不能泄露或擅自向外公布档案内容。第四，禁止查阅本人及其父母、配偶、子女、兄弟姐妹等直系亲属的档案。第五，档案查阅登记表、单位介绍信归入文书档案管理。

2. 档案材料外借

具体操作流程如下。第一步：申请人提交申请材料，提出档案材料外借申请。第二步：服务窗口审核提供材料是否合格、存档个人是否被限制服务，对不满足办理条件的，不予受理，对满足办理条件的，申请档案出库。第三步：档案库房办理档案出库。第四步：服务窗口清点档案材料，登记档案材料外借信息，填写档案材料外借登记表。第五步：服务窗口取出外借的材料整理密封。第六步：申请人在档案材料外借登记表上签字确认，取走档案材料。第七步：服务窗口将档案材料外借登记表放入档案中，办理档案入库。第八步：档案库房将档案入库。第九步：服务窗口检查归还档案材料情况，如逾期进行催还。第十步：申请人归还档案材料，服务窗口审核归还材料，确认档案材料无误，申请档案入库，否则，档案材料退回申请人。第十一步：档案库房办理档案入库。第十二步：服务窗口将归还的档案材料按编目顺序存入档案并取出档案材料外借登记表，登记归还信息签字确认，申请档案入库。第十三步：档案库房将档案入库。

注意事项如下。第一，带齐申请材料：借档单位介绍信、被借阅人存档凭证、经办人身份证原件及复印件、单位委托存档的单位介绍信。第二，申请人应在归还期限内归还档案材料，如超期未归还，服务窗口须进行催还。申请人归还档案材料时，服务窗口应认真审核，已数字化加工的材料，应通过数字图像进行比对；未数字化加工的，直接清查，若出现涂改、圈画、抽取、撤换档案材料等情况，按照相关规定进行处理。第三，档案材料外借登记表、单位介绍信归入文书档案管理。

3. 档案外借

具体操作流程如下。第一步：申请人提交申请材料，提出档案外借申请。第二步：服务窗口审核提供材料是否合格、存档个人是否被限制服务，对不满足办理条件的，不予受理；对满足办理条件的，报领导审批，审批通过后，申请档案出库。第三步：档案库房办理档案出库手续。第四步：服务窗口登记档案外借信息，填写档案外借登记表。第五步：服务窗口取出外借的整本档案，整理密封。第六步：申请人在档案外借登记表上确认签字，取走档案。第七步：服务窗口将档案外借登记表放入档案袋中，办理档案袋出库。第八步：档案库房将档案袋出库。第九步：申请人应在期限内归还档案，如超期未归还，服务窗口进行催还。第十步：申请人归还档案；服务窗口审核归还档案，已数字化加工的，通过数字图像进行比对；未数字化加工的，直接清查，出现涂改、圈画、抽取、撤换档案材料等情况，按照相关规定进行处理。确认档案材料无误后，申请档案袋入库，不合格的，填写归还档案问题记录单，申请人签字确认后，申请档案袋入库。第十一步：档案库房将档案袋入库。第十二步：服务窗口将归还的档案材料按编目顺序存入原档案袋，并取出档案外借登记表，登记归还信息签字确认，办理档案入库。第十三步：档案库房将档案入库。

注意事项如下。第一，带齐申请材料：借档单位介绍信、被借阅人存档凭证、经办人身份证原件及复印件、单位委托存档的单位介绍信。第二，因工作需要从档案中取证的，必须请示档案主管部门负责人审查批准后才能复制。第三，人事档案外借仅限本市，且期限不超过一个月，外地不予借档。第四，服务窗口应对归还的问题档案进行追踪，督促借档单位尽快解决问题。第五，档案外借登记表归还，档案问题记录单、单位介绍信归入文书档案管理。

（四）人事档案调阅

人事档案调阅是依据有关规定，向有关组织、单位提供数字档案调阅的服务过程。

具体操作如下。第一步：申请人提交调阅档案申请材料。第二步：服务窗口审核申请材料，判断权限状态是否正常，并经相关机构审批。第三步：审批通过后，申请人调阅数字档案。第四步：服务窗口监控调阅过程，在调阅完毕后或发生违纪现象时，服务窗口收回调阅权限。

注意事项如下。第一，带齐申请材料：立户凭证、单位介绍信、申请人身份证原件和复印件。第二，判断调阅类型，如果是外部调阅，须经主管领导审批；如果申请调阅本机构存放的档案，直接调阅；如果申请调阅其他机构存放的档案，须经过存档机构审批。

（五）开具证明

开具证明业务是指档案管理机构根据档案记载的内容向有关组织、单位出具档案中已记载情况的证明。

证明类型包括：存档证明，参加工作时间证明，生育状况证明，无收入及住房情况记载证明，无刑事和行政处罚及开除公职记录证明，档案身份证明，政治面貌证明，无福利发放证明，工作履历证明，亲属关系证明，报到证明，其他证明，各类公证信函证明（出生公证、未受刑事制裁公证、工作经历公证、学历公证、亲属关系公证）。

具体操作流程如下。第一步：申请人提交须开具证明的申请材料。第二步：服务窗口审核申请材料是否合格，若申请材料不合格，则告知申请人原因；检查申请人是否被限制服务，若被限制服务，告知申请人原因，解除限制服务后，再申请办理。第三步：若需要查阅档案材料，服务窗口调阅数字档案或借阅档案。第四步：服务窗口根据档案记载信息出具证明；若不符合办理条件，告知申请人原因。第五步：申请人领取证明。

注意事项如下。第一，带齐申请材料：存档凭证，单位委托存档的须提供单位同意办理介绍信、申请人身份证原件及复印件，其他出具证明须提供的证件或材料。第二，若需要证明未记载的特殊情况，本人或单位应提供与所办内容相符的材料后，视情况对外证明。第三，单位介绍信及相关证件复印件归入文书档案管理。

（六）职称申报服务

职称申报服务是指依据有关规定，档案管理机构为存档人员申报职称或职业资格提供审核人事档案盖章的服务过程。

具体操作流程如下。第一步：申请人提交材料。第二步：服务窗口审核材料是否合格，检查申请人是否被限制服务，若被限制服务，告知申请人原因，限制服务解除后，再申请办理。第三步：若需要查阅档案材料，服务窗口调阅数字档案或借阅档案。第四步：服务窗口核对申报材料相关信息，审核通过后，申请人填写职称申报审核登记表登记申报信息；申报材料签署意见并盖章。第五步：申请人领取申报材料。第六步：申请人参加职称考评后，提交职称材料并归档。

注意事项如下。第一，带齐申请材料：存档凭证，申请人身份证原件及复印件，单位委托存档的提供单位盖章的专业技术资格申报表，个人委托存档的提供单位工作证明及盖章的专业技术资格申报表，相关证书原件及复印件。第二，单位工作证明、职称材料归入档案，相关证书复印件归入文书档案管理。

（七）办理生育服务证

办理生育服务证业务是指档案管理机构依据有关规定，为存档人员办理生育服务证的服务过程。

1. 办理一胎生育服务证

具体操作流程如下。第一步：申请人提交申请材料；第二步：服务窗口审核申请材料，检查限制服务情况，若不符合规定，告知申请人；第三步：服务窗口调阅数字档案或借阅档案核实申请人婚育情况，若不符合规定，告知申请人；第四步：审核通过后，申请人填写申请生育服务证登记表；第五步：服务窗口填写北京市生育服务证，登记办理生育证信息，在北京市生育服务证单位意见处填写"已婚一胎"，经办人签章，填写办理时间并盖章；第六步：将北京市生育服务证交还申请人。

注意事项如下。第一，带齐申请材料：存档凭证，单位存档需单位介绍信；本人身份证、户口本、结婚证原件及复印件；男方为存档人员的，提供女方领取的北京市生育服务证；女方非本市户籍的，提供户籍所在地计生部门出具的婚育状况证明；夫妻双方有再婚情况的，提供离婚法院调解（判决）书或离婚证原件、婚姻登记机关或档案馆复印盖章的离婚协议原件及复印件。第二，申请生育服务证登记表、结婚证复印件、女方为非本市户籍提供的婚育状况证明复印件、离婚法院调解（判决）书或离婚证复印件、婚姻登记机关或档案馆复印盖章的离婚协议复印件归入本人档案，单位介绍信归入文书档案管理。

2. 办理再生生育服务证

具体操作流程如下。第一步：申请人提交申请材料；第二步：服务窗口审核申请材料，检查限制服务情况，若不符合规定，告知申请人；第三步：服务窗口调阅数字档案或借阅档案核实申请人婚育情况，若不符合规定，告知申请人；第四步：审核通过后，登记申请再生育信息，填写再生育一个子女申请审批表，在单位意见处签署"情况属实，同意申报"，经办人签章，填写办理时间；第五步：将再生育一个子女申请审批表交还申请人；第六步：申请人提交报批合格的再生育子女生育服务证；第七步：服务窗口审核生育服务证，查阅再生育申请信息；第八步：申请人填写申请生育服务证登记表；第九步：服务窗口在生育服务证单位意见处签署意见、填写办理时间并盖章；第十步：将《生育服务证》交还申请人。

注意事项如下。第一，带齐申请材料：存档凭证，单位委托存档需单位介绍信；本人身份证、户口本、结婚证原件及复印件；申请再生育一个子女审批表；若夫妻双方有再婚情况，须提供离婚法院调解（判决）书或离婚证原件、婚姻登记机关或档案馆复印盖章的离婚协议原件及复印件；女方非本市户籍，申请随父落户的，应提供女方户籍所在地计生部门出具的婚育状况证明；患不孕症依法收养后又自然怀孕，应提供原指定医疗机构的诊断证明及合法收养的证明；夫妻双方均为独生子女申请再生育一个子女，应提供双方父母办理的独生子女父母光荣证或原始申请表原件，夫妻双方父母工作单位（档案所在单位）的生育情况证明；因第一个子女病残而申请再生育一个子女，应提供病残儿医学鉴定组专家签署鉴定结论或意见的北京市病残儿医学鉴定表；涉外婚姻中，国（境）外方已经生育子女的，应提供相对人的书面生育声明。第二，申请生育服务证登记表、再生育一个子女申请审批表复印件、结婚证复印件、女方为非本市户籍提供的婚育状况证明复印件、离婚法院调解（判决）书或离婚证复印件、婚姻登记机关或档案馆复印盖章的离婚协议复印件、患不孕症依法收养后又自然怀孕的原指定医疗机构的诊断证明及合法收养的证明复印件、独生子女父母光荣证复印件、夫妻双方父母生育证明复印件、北京市病残儿医学鉴定表复印件、涉外婚姻相对人的书面生育声明复印件归入本人档案，单位介绍信归入文书档案管理。

（八）独生子女证申请服务

独生子女证申请服务是指依据有关规定，档案管理机构为存档人员办理领取独生子女父母光荣证申请书盖章的服务过程。

具体操作流程如下。第一步：申请人提交材料；第二步：服务窗口审核材料是否合格，检查申请人是否被限制服务，若被限制服务，告知申请人原因，限制服务解除后，再申请办理；第三步：若需要查阅档案材料，服务窗口调阅数字档案或借阅档案；第四步：核对领取独生子女父母光荣证申请书相关信息，审核通过后，申请人填写申请独生子女父母光荣证登记表；第五步：服务窗口登记申请信息，在领取独生子女父母光荣证申请书上签署意见盖章后交申请人；第六步：街道办事处计划生育部门批准后，申请人及时将领取独生子女父母光荣证申请书归入档案。

注意事项如下。第一，带齐申请材料：存档凭证、本人身份证，单位存档需单位介绍信，北京市生育服务证，子女出生医学证明及复印件，领取独生子女父母光荣证申请书；第二，申请独生子女父母光荣证登记表、子女出生医学证明复印件及经街道办事处计划生育部门批准后的领取独生子女父母光荣证申请书归入档案，单位介绍信归入文书档案管理。

（九）函调政审服务

函调政审服务是指依据有关规定，应有关组织和单位的要求，为存档人员工作调动、亲人入党等提供函调政审的服务过程。

具体操作流程如下。第一步：申请人提交材料；第二步：服务窗口审核材料是否合格，检查申请人是否被限制服务，若被限制服务，告知申请人原因，限制服务解除后，再申请办理；第三步：审核通过后，申请人填写函调政审登记表；第四步：服务窗口调阅数字档案或借阅档案，登记函调信息，填写政审函，签字盖章后交申请人。

注意事项如下。第一，带齐申请材料：存档凭证，单位委托存档的、因工作调动函调政审的须存档单位介绍信，政审函；第二，严格根据档案所记载情况填写相应内容。

(十) 退休服务

退休服务是指依据有关规定，档案管理机构为以个人名义缴纳基本养老保险的个人委托存档人员，在符合退休条件时，提供退休受理、申报和转移的服务过程，包括劳动能力鉴定申报和退休申报两个子业务。

1. 劳动能力鉴定申报

劳动能力鉴定申报业务是指档案管理机构为以个人名义缴纳基本养老保险的个人委托存档人员，在因病或非因工致残而完全丧失劳动能力申请提前退休时，协助其到劳动能力鉴定机构进行伤残程度和丧失劳动能力程度评定。

具体操作流程如下。第一步：申请人提交申请材料，申请办理劳动能力鉴定手续。第二步：服务窗口材料初审通过的，代收劳动能力鉴定费。第三步：服务窗口将申请材料和代收的鉴定费送劳动能力鉴定中心审核。若审核未通过，通知申请人补充相应材料；审核通过的，根据鉴定通知书通知申请人进行劳动能力鉴定。第四步：服务窗口领取鉴定结果。

注意事项如下。第一，带齐申请材料：本人的书面申请，说明申请鉴定原因和伤病情况（劳动能力鉴定申请表、诚信承诺书）；本人近期病情诊断详细材料：基本医疗定点医疗机构出具的初诊、近期诊断证明（三个月内）及相关系统治疗病历、影像材料、近期（三个月内）化验报告、疾病诊断证明书；一寸彩照；本人身份证原件及复印件；劳动能力鉴定费；须提供的其他材料。第二，服务对象为因病或非因公致残申请提前退休的个人委托存档人员。

2. 退休申报

退休申报业务是指依据有关规定，档案管理机构为以个人名义缴纳基本养老保险的个人委托存档人员，在符合退休条件时，提供退休受理、申报和转移的服务过程。

具体操作流程如下。第一步：申请人提交申请材料，填写个人委托存档人员退休申请表。第二步：服务窗口审核申请材料是否合格，检查申请人是否被限制服务，若被限制服务，告知申请人原因，限制服务解除后，再办理退休申请。第三步：服务窗口调阅申请人的数字档案或借阅档案，若因从事特殊工种申请提前退休，须进行公示；若因病或非因公致残申请提前退休，进行劳动能力鉴定申报。第四步：服务窗口查看申请人基本养老保险缴费记录是否缴纳到退休当月，未缴纳到当月的，须到社保中心现金缴纳。第五步：服务窗口到社保中心报审基本医疗保险视同缴费年限认定审批表，办理社会保险清算手续，打印北京市社会保险个人账户缴费情况表。第六步：使用本市退休核准系统（企业版）填报北京市基本养老保险待遇核准表并打印盖章，核准计算养老金。第七步：服务窗口持档案和北京市基本养老保险待遇核准表报送养老保险待遇核准部门审批。第八步：服务窗口持北京市基本养老保险待遇核准表、基本医疗保险视同缴费年限认定审批表报送区、县社保局医保科审批。第九步：服务窗口将北京市基本养老保险待遇核准表、基本医疗保险视同缴费年限认定审批表、北京市社会保险个人账户缴费情况表归入本人档案。第十步：服务窗口登记关系转移信息，填写社会化管理相关表单，并发放退休证，申请人办理档案和养老金关系转移手续。第十一步：办理档案转出。第十二步：服务窗口收存档案转递回执。

注意事项如下。第一，带齐申请材料：存档凭证，本人户口本、身份证原件及复印件，两寸照片；从事特殊工种提前退休的，还须提供提前退休申请书和一寸照片；因病或因工致残完全丧失劳动能力提前退休的，还须提供劳动能力鉴定、确认结论通知书；须提交的其他材料。第二，服务对象为以个人名义缴纳基本养老保险的个人委托存档人员。申请人须在达到退休年龄的前一个月持存档凭证、户口本提出申请。第三，申请提前退休的情况有：①因病或非因公致残申请提前退休（退职），需要先进行劳动能力鉴定，达到完全丧失劳动能力标准的，方可退休；②从事特殊工种申请提前退休，必须达到劳动和社会保障行政机构确认的提前退休工种所规定的工作年限。第四，个人委托存档人员退休申请表、转递回执归入文书档案管理。

二、流动人才人事档案的转递管理

本部分仍以北京市流动人才为例，重点介绍档案转出和档案转出恢复业务。

（一）档案转出

依据有关规定，档案管理机构为委托存档单位职工、存档个人办理档案转出的服务过程，包括调动转档、失业转档、退休转档、入学转档、毕业生初次就业转档等。

具体操作流程如下。第一步：申请人提交申请材料；第二步：服务窗口审核申请材料，检查限制服务情况，不符合规定的，告知申请人；第三步：通知档案库房档案出库；第四步：服务窗口登记档案转出信息，打印档案转递通知单、档案材料清单，为调动转档、入学转档出具行政、工资介绍信；并整理密封档案；第五步：填写档案转出登记表，申请人签字，确认档案转出；第六步：相关材料归入文书档案管理；第七步：收取档案转递单回执。

注意事项如下。第一，带齐申请材料：转入单位开具的函调函、本人身份证、存档凭证，非本人办理的，须提供本人授权委托书；如系单位委托存档，须带齐单位委托存档人员解除合同证明信、单位委托存档人员聘用期内鉴定表、经办人身份证、申请人身份证。第二，不同申请类型人员申请材料有别，除以上基本申请材料外，下列人员还须提供相应的申请材料。①失业人员转档还须提供档案转移情况表、终止（解除）劳动（聘用）合同或者工作关系的证明、社会保险转移明细单；②退休转档还须提供：北京市基本养老保险待遇核准表、北京市转往街道管理退休人员养老金转移单、实行社会化管理的非公有制用人单位需提供区、县社保部门的批复、北京市非公有制用人单位退休人员实行社会化管理转移通知书、北京市非公有制用人单位退休人员实行社会化管理转移名册；③入学转档还须提供：全日制高等院校录取通知书、调档函；④毕业生初次就业转档还须提供就业报到证。第三，办理档案转出业务之前，先核实社会保险关系、集体户口、党组织关系是否已转出。第四，单位委托存档人员聘用期内鉴定表、档案转移情况表、终止（解除）劳动（聘用）合同或者工作关系的证明、北京市基本养老保险待遇核准表、北京市非公有制用人单位退休人员实行社会化管理转移通知书、北京市非公有制用人单位退休人员实行社会化管理转移名册归入本人档案，其他材料归入文书档案管理。第五，整理档案过程中，桌面上只放一个人的档案，防止档案材料丢失或误放，禁止擅自泄露档案内容，不能涂改、抽取或销毁、伪造人事档案。整理好材料后，所有材料装入档案袋，密封并加盖密封章。做到人事档案一次性转出，禁止分批转出或留存部分档案材料。第六，除非接收单位同意密封自取，人事档案的转递必须通过机要交通或派专人送取。

（二）转出恢复

具体操作流程如下。第一步：申请人提交申请材料。第二步：服务窗口审核转出恢复材料，不符合规定的告知申请人。第三步：审核档案材料是否有缺失。已数字化的，调阅影像档案。如有缺失，将档案退回。第四步：审核通过后恢复存档信息，整理相关材料。第五步：返还申请人的存档凭证和存档合同。第六步：通知档案库房，档案入库。

注意事项如下。第一，带齐申请材料：本人恢复存档申请；如系单位委托存档，须带齐单位存档同意恢复介绍信、经办人身份证。第二，本人恢复存档申请、单位存档同意恢复介绍信归入文书档案管理。

第四节 流动人员人事档案管理的完善措施

一、提升管理服务理念

创新流动人员人事档案工作，应有利于国家人才战略的实施，有利于促进人才合理流动与使用，有利于维护用人单位的权益，有助于推进人事制度的改革，有利于发挥人事档案的作用，应坚持以人为本，立档为民，以理顺管理制度为出发点，以完善法规制度建设为基础，以科学管理为重点，以信息化建设为手段，以深化服务于社会主义现代化建设为目的，综合施策，持续用力。

最近几年，无论是"互联网+政府工作"的广泛应用，还是"最多跑一次"的工作要求，都是旨在加强和改进政府公共服务质量，较好体现国务院关于"放管服"协同推进的部署，流动人员人事档案是人才服务体系的依托，更要改变流动人员人事档案工作中重管理而轻服务的传统理念。具体工作中，要提高用人单位和流动人员对档案材料收集的意识，共同建设档案内容，优化公共服务机构服务的手段。

流动人员人事档案管理不仅仅局限于自身建设、开发人事档案信息资源，在充分发挥和提升档案的凭证、依据和参考作用的基础上，更关键的是通过信息的整合共享和开发利用，实现资源共享，体现人事档案工作的价值，才能更好地为经济社会发展服务。而要实现这一目的，就需要在国家有关部门的统一部署下，以标准化建设为基础、以数字化档案为抓手，构建全国统一的流动人员人事档案管理应用体系，在全国范围内做到"一处受理、多处服务"，提供更加便捷、高效的档案管理公共服务。此外，还应主动探索加强人事档案信息与公安、民政、税务、金融等个人信息资讯的整合，构建覆盖全域的公民信息管理系统。

二、完善流动人员人事档案管理制度

（一）逐步开放流动人员人事档案主体的知情权

在我国，封闭式人事档案管理制度不断受到质疑，关键一点是观念的创新和突破，在改革中以尊重人、爱护人作为出发点，赋予人事档案记录主体相应的档案权利，包括按照规定程序了解档案内容的权利、对有异议的数据信息提出申诉的权利、要求维护个人隐私的权利等。人事档案管理部门应清醒地认识到，建立和管理人事档案的根本目的之一是为了保障档案记录主体依法享受各方面的权利，为档案的利用提供更有利的条件。参考国外的一些做法，如美国，所有的人事档案都向本人或本人授权的对象开放，只是不向公众提供利用，在某些州未经人事档案主体授权的人看他人的人事档案是违法的，执法人员也不例外。

（二）建立积极的流动人员人事档案接收制度

建立积极的工作宣传渠道和方式，加强对高校毕业生等重点群体的政策解读指导，充分宣传流动人员人事档案的公益性服务特点，提高流动人员个人存档意识，将等待管理档案变为主动管理档案。建立与大中专院校、国有企事业单位的联系机制，加强档案管理机构间的协同配合，在大中专毕业生毕业、体制内人员流出这两个最容易出现人事档案管理脱节的环节，提高流动人员人事档案管理机构的接管率，保证人事档案在管理机构内的有序流动。鼓励非公经济单位办理集体委托存档业务，可与单位养老保险参保工作联系。建立积极的流动人员人事档案接收制度，从管理机构的角度减少"弃档"现象。

（三）建立覆盖全体流动人员的人事档案制度

全社会各类流动人员都应享受由人才服务机构提供的人事公共服务，一方面集约型的服务节省社会公共资源和政府行政资源，另一方面建立对流动人员管理服务的直接抓手。同时，考虑到一般情况下，没有人事档案的人群也是我国贫困人口的集中人群，可探索发挥流动人员人事档案在脱贫攻坚中的作用。如人力资源机构现场对接建档立卡贫困家庭，安置劳动力就业，既促进了贫困劳动力通过就业实现脱贫，又加强了省市与基层人力资源机构结对共建，优势互补，资源共享，进一步提升当地人力资源服务机构的服务能力。

未建立人事档案的主要为这两类人员：一是初中以后没有受教育经历。我国现行的学生档案制度，是从每个人初中以后的学校开始建立，如高中毕业后无后续受教育经历，同样也没有个人档案；二是个人没有体制内（机关事业单位、国有企业等）工作经历。基于以上原因分析，可由人才服务机构以其现所在单位、从事职业为基础，以劳动合同、社保缴纳情况为基本材料，对其个人基本信息、就/失业情况给予反映，再增收其可能会有的职称、技能类材料，还是以现有的灵活就业人员人事档案材料为范本，建立其人事档案，再随着灵活就业人员档案内容制度的完善，同步完善调整。

（四）保证流动人员人事档案管理工作经费

1. 政府财政预算保证

将流动人员人事档案管理工作归入公共物品范畴，政府对其予以保障。目前，国家对公共人力资源服务经费纳入政府预算的政策分别在两份文件中予以体现，一是《关于进一步加强流动人员人事档案管理服务工作的通知》，二是《人力资源市场暂行条例》（2018年5月2日国务院第七次常务会议通过，自2018年10月1日起施行）。但这两份文件中的政策缺乏更为细致的指导和操作办法，应进一步细化流动人员人事档案基本公共服务经费保障制度，可由全国人才流动中心、全国人才交流协会牵头，确定专项课题，研究测算，提出实操性方案。

2. 列入政府购买公共服务

政府购买公共服务是政府采购的一部分，政府购买大致有两种，一种即为向组织、机构购买，公共就业和人才服务机构为国家事业单位，符合"购买客体"的要求；早在2013年7月的国务院常务会议上就要求推进政府向社会力量购买公共服务，全国政府购买服务工作会议也鼓励事业单位参与提供公共服务。

一般政府购买的服务可以分为两大类：一是政府机构及其工作人员自身消费的服务，属于政府内部的服务，服务对象是政府机构和政府官员自身；二是政府机构及其工作人员为社会所提供的服务，属于公共服务，服务对象是除政府以外的其他社会机构和公众。流动人员人事档案服务项目符合第二类型的要求。

3. 管理机构服务收费保证

《关于简化优化流动人员人事档案管理服务的通知》（人社厅发〔2016〕75号）明确了不得收费的项目，但对于哪些属于基于档案延伸的其他服务却没有详细说明，造成在实际工作中并没有收费依据，更何谈收费的项目。同时，由于取消流动人员人事档案服务费后，社会对流动人员人事档案管理的收费行为已较为敏感，故须国家层面上对基于档案延伸的其他服务做进一步规范、明确，使流动人员人事档案管理机构能通过合规的收费行为，保障工作经费，更好地提供管理服务。

（五）加快推进流动人员人事档案工作标准体系建设

实际工作中，在执行和落实相关文件时，没有一个详细、规范、统一的操作规程，导致了各机构服务标准不统一、各地之间协调办理不顺畅等诸多问题，需要制订一个全国统一的、标准化的、有利于推动流动人员人事档案管理服务工作落实的操作规程。人社部已提出流动人员人事档案管理服务规范（GB/T32623-2016），但从工作体系的建设角度来看，这仅是基础工作，关于国标的宣传、贯标、培训、监督等各环节都予以落实，才能构成体系建设，也才能保证标准的落实。应该以组织部、人社部等国家部级单位为龙头，各公共就业和人才服务机构具体承担，各级人才交流协会参与，形成工作机制和方案，加快推进，并在具体的实践中，对国标进行补充完善。

（六）理顺流动人员人事档案管理体系

1. 健全工作体系

建立科学合理的服务体系。各省级人力资源和社会保障部门予以牵头，根据本辖区内档案管理服务机构现状，构建各级公共就业和人才服务机构为主体、授权管理服务机构为补充的服务体系。落实人事档案管理的主体责任，明确各级公共就业和人才服务机构管理档案的范围，明确省级公共就业和人才服务机构管理档案的兜底职责，任何机构不得随意清退流动人员人事档案。

2. 完善规章制度

中华人民共和国成立以来，我国已初步建立了一套人事档案法规体系，如《中华人民共和国档案法》《干部档案工作条例》《流动人员人事档案管理暂行规定》，这些法规对强化流动人员人事档案管理起到了巨大的推动作用。但是，现实工作中有法不依、执法不严的现象还时有发生，必须加强流动人员人事档案依法治档制度建设。流动人员人事档案比较集中的超大城市人力资源和社会保障部门，还要尽快制订并实施在本地就业的非本地户籍流动人员的人事档案管理服务相关规定。

除了完善法规外，强化制度建设也是流动人员人事档案管理规范化、科学化的重要内容，是提高档案管理水平的重要举措。为此，流动人员人事档案管理应建立以下制度：档案收集归档制度，档案鉴别审核制度，档案编排存放制度，档案整理制度，档案传递制度，档案鉴定制度，档案统计制度，档案查阅借用制度，档案库房管理制度，安全保密制度，检查核对制度，档案销毁制度，管理工作人员制度，管理人员调动工作与档案移交制度，等等。各级公共就业和人才服务机构应当结合本单位管档实际，在不断总结实践经验的基础上，建立健全各项工作制度，及时进行修改补充，使各项制度更富有实用性、可操作性、科学性。

3. 强化监管监督

建立多部门组成的监管监督工作体系，齐抓共管。各级人力资源和社会保障行政部门履行组织领导职责，做好统筹规划，明确职责分工，完善政策制度，对存在问题的流动人员人事档案管理服务机构加强问责，督促整改。公共就业和人才服务机构系统内加强系统指导，原则上省级机构应对各地市及以下行政级别机构负有业务上的指导、管理、示范职责，下级机构接受系统内行政级别以上机构的业务督查、培训。各级人才交流策划、协调、推动，促进地方必要的流动人员人事档案管理法规完善，开展宣传工作，履行第三方监督职责。

（七）完善流动人员人事档案内容制度

1. 解决收集补充难题

收集补充档案材料是夯实流动人员人事档案工作的基础，应积极创新档案材料日常收集方法，探索档案管理部门与用人单位、流动人员之间的材料收集机制，确保档案材料及时、全面、系统地归入档案。

第一，建立用人单位、流动人员个人收集补充流动人员人事档案材料的长效机制。澳大利亚的记录连续体理论，突破了文件生命周期理论的"文件/档案二元"划分的线性思维，建立了以"记录"概念为核心的多维度、多层面的连续体系。应用这一理论，对流动人员人事档案也应围绕"记录"这一核心来收集和管理。具体操作是：人才流动服务机构与用人单位签订人事档案代理合同，明确双方的权利义务关系。用人单位的义务主要为负责本单位流动人员人事档案材料的形成、审核、收集与集中，并及时、全面、系统、准确地向人才流动服务机构提供人事档案应归档的有关材料，要求其明确专门工作人员为人事档案材料收集员，通过他们将形成的人事档案材料及时送交人才流动服务机构。人才流动服务机构的义务包括：妥善安全地保管档案，提供方便、快捷、高质量的服务，对人事档案的内容保密，损坏或丢失人事档案必须赔偿。这种义务用合同的形式固定下来，并明确违约应承担的责任。

针对流动人员个人建立人事档案跟踪收集制度，要求个人在办理各项事务时不断补充个人的档案材料，如在办理人事事务过程中，补充相关材料和信息；在办理职称评定时，补充职称评定材料；发展审批党员时，补充入党材料；等等。对这一要求应加大向流动人员个人宣传，并通过人才服务机构主动联系，强化跟踪收集力度。

第二，制定流动人员人事档案材料收集归档规定。在学习和借鉴《干部人事档案材料收集归档规定》的基础上，从流动人员的特点和实际出发，着重收集反映流动人员德、能、勤、绩、信等情况的材料，补充档案内容。收集归档规定应明确收集范围（具体指出每份归档材料的名称）、归档时间、归档材料质量要求、归档手续，以及监督检查等内容。

第三，加强档案内容状况的研究，有针对性地提出补充收集的措施。流动人员人事档案管理部门可以抽查一定数量的档案，或通过整理立卷、建立数据库等工作对档案内容进行统计和分析，在掌握可靠数据的基础上，向有关部门提出建议或进行补充收集，使档案内容能够反映有关人员较新和全面的情况。

2. 充实档案内容

充实流动人员人事档案内容，应从现代社会人力资源管理的需要与流动人员的特点出发，有针对性地进行补充。现代企业人力资源管理把人视为一种资源，注重开发和使用，强调激发人的活力和开发人的潜能。企业人力资源部门从人力的开发与使用出发，最想从个人档案中得到的是以往工作中的培训、绩效、考核信息，个人的能力水平、性格特征、工作与技能特长、工作态度以及诚信等方面的情况。流动人员的突出特点是工作、职业和其他方面的不稳定性。根据以上情况，流动人员人事档案内容除了反映个人姓名、年龄、性别、籍贯、学历、经历等内容外，要重点充实以下内容：一是突出专长、能力。档案内容应重点记载个人的知识与专业水平、继续教育情况，以及各种资格考试、职务职称、受培训情况、能力测评、个性特点、工作态度等方面的材料；二是突出实绩。及时将流动人员的工作业绩、创造发明和重大活动、重点工作中的表现及完成任务的记录材料，考核、考评与考察等方面的材料存入档案，为凭实绩用人、选人提供必要的依据；三是突出诚信材料。党政机关离职人员应有廉政方面的材料，企业管理人员应有任期经济责任审计结果报告或审计意见等材料，企业经营者应有纳税、保险、经济信用等公共道德、行为、职业信誉等方面的材料。通过充实档案内容，使个人的人事档案成为社会共享的个性化的人才信息库，进一步提高人事档案的可信度和使用价值。

三、加快推进流动人员人事档案管理信息化水平

（一）开发使用流动人员人事档案管理服务信息系统

人事档案数字化的实现，必须有相应的信息系统。公共就业和人才服务机构可以运用流动人员人事档案管理服务信息系统对流动人员人事档案管理和服务的各个工作环节实施有效控制、综合协调，以实现对档案信息数据进行收集、传输、加工、储存、更新、拓展和维护。这是流动人员人事档案发展的必然趋势。目前，全国省市级以上公共就业和人才服务机构基本都使用了档案管理系统，但存在着系统多样化、不互联的问题，而且有些区县公共就业和人才服务机构还在采用手工操作或者简单的计算机管理办法。

为了实现这一工作，从国家层面上，应做好顶层设计，对流动人员人事档案管理服务

信息系统的建设开发设定设计原则，如安全性原则、规范性原则、扩展性原则等，并确定功能架构，划分系统基本的模块，在此基础上，要求各省可根据本省省情进行具体的开发，待条件成熟，实现与全国范围档案信息数据的交换和与其他相关政府部门业务数据的共享；此外，国家相关机构应做好系统应用的指导、推进工作。

（二）提高管档人员信息化管理水平

加强流动人员档案管理队伍建设，当前应抓好以下四个方面：一是严把队伍进口关，实行职业资格认证制度，经过考试考核，合格的发给证书、准入上岗。吸收具有开拓精神、创新意识，政治素养好，法治观念强，文化水平高，专业基础扎实，计算机技术和信息处理能力强的人才进入管档队伍；二是加强培训。对现有管档人员，按其所具有专业技能层次，分期举办各种具有针对性的信息化专业技能培训，全面提高队伍的整体素质；三是严格内部管理，强化竞争激励机制，坚持严格考核，根据考核结果，拉开收入分配档次，体现奖勤罚懒，充分调动广大管档人员的积极性和创造性，增强做好人事档案管理工作的主动性和责任感，使管档队伍永葆青春活力；四是仿效公务员聘任制，打破事业单位编制身份的限制，聘用信息化领域专业人才，提升工作人员技术水平。

第四章 人事档案的信息化建设与管理

第一节 高校人事档案信息化建设与管理

一、高校人事档案的类型与特点

（一）高校人事档案的类型

高校人事档案是指高等院校各级组织部门、人事部门、教务部门、科研部门等形成的，关于高校各类人员德能勤绩和学生学习生活方面的记录。

根据高校的人员构成，对应的人事档案类型有：①行政管理人员与职工，对应的是行政管理人员或职员人事档案，行政管理人员或者职员人事档案一般按照党政机关干部人事档案管理方式管理；②教师，对应的是教师人事档案；③科研人员，对应的是科研人员人事档案；④学生，对应的是学生人事档案。其中，教师和科研人员的人事档案参照干部人事档案方式管理，但更注重教学、科研、职称评定等方面材料的收集、整理与归档。

（二）高校人事档案的特点

1. 档案动态性强

（1）新材料不断生成，人事档案得以补充。高校每年都会生成大量的个人材料，其中有价值的都需要及时归入人事档案。需要更新的资料包括：①年度考核表。每年的年度考核涉及每一位在校职工，它是对这一年来个人思想和工作表现的评价，真实反映了个人工作情况，是高校考核教职工在校表现的直接依据，对教职工评优争先有着重要的参考价值，档案人员要重视收集年度考核材料；②职称材料。通常职称晋升是每五年一次，职称晋升关系到教职工的切身利益，是对本人教学水平和工作能力最有效的证明。职称材料是补充个人档案的重要内容，评聘或转评材料也要及时装入档案，只要个人职称有所变动，都应在人事档案中体现出现任职称评审表，保证当事人职称变化材料齐全完整；③工资变化材料。通常工资每两年调整一次，在此期间工资变化材料也要及时收集补充，中间间断了调资表会给以后办离退休造成很多麻烦。生成的新材料需要及时装入个人档案，归入相应类别，档案整体处于动态变化。

（2）高校人员流动较快，档案转递频繁。随着我国人才环境的优化和高校人事制度改革的深入，人员加快流动，人事档案频繁转入和转出，人事档案总数常在发生变化，都表明人事档案管理处于动态管理中。

（3）高校人事代理制度的实行也体现了人事档案动态性的特点。作为一种新型的人事管理制度，很多高校引入了人事代理制度，改变了档案管理格局，职员身份转化为社会人，高校用人与高校编制脱钩，不限制人员自由进出，增加了高校用人的灵活性，实现了人事关系管理与人员使用相分离。尊重单位用人自主权和人才择业自主权，人事关系和人事档案脱离了所在高校，由人才中心派遣机构管理。

2. 档案使用价值高

（1）价值丰富。高校教师的教育水平高，专业知识系统，而且常年从事学术研究，具备很高的专业水平。这种情况决定了高校人事档案具有很高的使用价值。

高校人事档案记录了教职工在教学和工作中的真实表现，专业突出、思想品行良好的教职工是高校培养学科带头人、优秀教育工作者的不二人选，高校人事档案的人才信息使其具有了较强的使用价值。

（2）科技信息丰富。高校具有高学历、高职称的人员比例高，科研能力强，高校教师积极投身教学实践和社会实践，产生了很多优秀的理论研究和学术成果。

高校教师作为这些研究成果的拥有者，可以帮助生产企业解决技术难题，发明的专利可以投产工厂企业转化为社会生产力。

3. 档案利用需求多

由于高校教师与学生的流动性强，因此，高校人事档案利用需求比其他单位更多。如教职工职称评审工作要广泛大量地利用人事档案材料，每个人历次晋升时所用的材料都来源于本人的人事档案。通常，一所普通高校完成一次职称晋升时，档案人员需要面对数百名教师和员工，每位教师和员工要用到近百次档案材料，可见，高校人事档案利用量之大。

高校人事档案利用面广。高校教师注重终身教育、在职学习，很多教师在获取后取学历时都需要用到前面学历的毕业生登记表、成绩单等，这是高校教师人事档案利用率高的一种表现，还有像迁移户口、孩子上学、更改姓名等个人生活中的问题也需要用到人事档案。

二、高校人事档案信息化建设的意义

我国人事档案建设是单位组织内对人力资源管理的一项重要特色，与个人的工资薪酬、社会劳动保障等内容直接挂钩，具有一定的法律效用。对高校来说，高校人事档案管理工作在实际操作中主要以教师团队为主体，是教师工资待遇、干部选拔以及工作评价的依据，也同样影响着高校的教学工作和科研工作。人事档案管理主要记载教职工的职业成长轨迹，因此也关系到教职工的切身利益。高校开展人事档案管理和审核工作，保证人事档案数据信息的准确性，既是落实中央政府的相关规定，也进一步规范了高校人事档案管理工作，有利于及时发现问题并解决问题，能切实维护教职工的权益。

高校人事档案信息化建设的意义主要体现在以下两个方面：其一，人事档案信息化建设满足了人事工作发展的基础需求。由于人事档案管理是人力资源管理工作的重要组成部分，在人事档案中对教职工的信息、能力和专长等具有详细且真实的记载，高校加强对人事档案的管理也能更好地实现内部岗位调配和资源优化配置工作，提高教职工的工作效率；其二，人事档案管理信息化建设能够满足人事档案管理工作发展的需求。随着社会经济的发展以及大数据时代的来临，传统的纸质档案管理存在着易损坏丢失、人为涂改效率低的问题。这种档案归纳管理的方式也不再适应信息化时代的发展需求，推动人事档案信息化管理能够提升高校的信息化建设程度，推进高校尽快完成现代化管理转型。

三、当前高校人事档案信息化管理存在的问题

（一）人事档案未实现专人专管

高校的本质是由国家财政拨款建设的事业单位，其人事档案应包括教职工的工作履历、考评结果、思想道德、入党入团、奖励处罚、职位任免以及工资现状等内容，且必须具备人事档案管理的全面性、真实性和动态性等基本特点。当前，很多高校的人事档案管理都是由学校管理层组织、人事部门负责，高校内的人事档案管理工作也并不是人事部门的主要工作，一般情况下让部门内的某个职员兼任，即使实现了专职人员管理，也不符合管理1000卷配备一名专职管理人员的标准。但人事档案管理所涉及的信息资料十分繁杂，相关部门不配合、档案管理不及时、重要材料遗失的问题频频发生。再加上人事档案管理本身存在保密要求，当事人无权查阅，使重要资料遗失后，查找无果，无法补充的现象时有发生，从而导致档案管理混乱、教职工日常工作受阻。

（二）管理模式不够科学

高校人事档案管理是一项专业化程度高的工作，涉及高等院校的人才队伍建设、教学资源建设、信息化管理与制度建设等，与其他门类的档案管理工作相比，高校人事档案管理呈现出更复杂、更保密的特征。人才流动问题在当前社会经济发展中属于职场新常态问题，很多高校为了提高教学质量大力引进高素质人才，但"人档分离"的隐患依旧存在于高校内部，档案与人事关系调转不及时，造成人员管理与人事档案管理工作脱节，给高校的正常运转带来了很多麻烦。

（三）人事档案管理人员素质不高

人事档案管理工作本身存在涉及部门多、管理内容复杂、数据信息动态化较强以及档案内容的保密性问题，需要管理人员具备一定的专业知识，还要熟悉人事业务工作。同时，人事档案管理人员也要满足高校信息化建设的需求，具备基础的互联网思维，掌握一定的计算机操作方法。但当前很多高校并未全部派遣有能力的人员进行专职人事档案管理工作，也没有对相关管理人员进行定期培训，档案管理工作缺乏设计性和创新性，无法保证档案数据材料的真实性。

（四）人事档案内容建设没有与时俱进

首先，随着事业单位体制改革以及我国人事制度革新，对高校内教职工的评价不再拘泥于个人绩效评价。当前，高校对教师的评价一般都是依据人力资源管理、组织绩效和团队绩效建立考核评价，人事档案的信息也更加全面。如果相关人员没有对人事档案管理材料信息进行及时更新，就会影响后期业绩评价的客观性。

其次，高校人事档案往往是对评价主体的历史经验记载，其内容并没有反映出教职工近期在教学科研工作方面的表现，特别是教职工自身的品德、能力等考核指标无法通过材料语言证明。

最后，由于人事档案与教职工的切身利益紧密相关，因此，高校内不乏存在着人事档案造假等现象，从而影响人事档案的有效性。

（五）人事档案信息化建设滞后

大数据时代的到来对各行各业的工作都产生了一定的影响，尤其是对单位组织的管理方式更是意义深远。但很多高校本身对人事档案管理工作不够重视，且投入人力和财力较少，只提供了基本的扫描仪和计算机等基础性设备。因此，高校普遍存在人事档案信息化建设滞后的问题，使纸质档案数据化建设还难以实现。现有的人事档案信息也只是满足日常管理所需的信息统计和查询服务，整体的运行水平较低、信息集成度不足，严重影响高校人力资源管理、人才招聘以及绩效考核等工作。

四、高校人事档案信息化建设的实践路径

(一) 思想意识创新，强化服务性

高校人事档案信息化建设必须进行思想意识创新，强化服务性。

第一，高校人事档案并不仅仅是保存和安全管理，而是需要体现其现实意义和价值，通过主动服务改变被动服务模式，由单一的"保管"转化为具体的"服务"，从而使高校档案能够发挥更大的作用。例如，对于档案的制作模式、内容、版本等方面进行创新，能够展示相关人员基本信息的同时，体现其优缺点等要素，便于相关部门对人才进行甄别和调用。例如，某人获得相应奖励，应附有相应的证书复印件和具体信息。

第二，定期对高校人事档案进行梳理，做好普查工作，缩短普查频率，使档案能够与现状之间有效结合在一起。从档案管理学的角度分析，档案属于一个人基本情况、经历、背景及其社会关系等多方面的概括，只有保证其与现状相符，才能够体现档案的价值。因此，必须加强相关资料的收集、鉴别、归档、整理等工作，并做好保管、查阅、借阅、转递、保密等工作。

第三，高校人事档案信息化建设与管理应注重信息真实性识别，保障信息安全，尤其是一些电子档案，须加强管理投入。因此，应在信息录入、系统登录等方面保证其隐私和安全，在这方面有赖于信息化管理系统的设计和日常维护。

(二) 技术应用创新，实现信息化

高校人事档案信息化建设应注重信息化技术、网络技术等方面的有效使用，提升档案管理水平。有关方面建议如下：

第一，使用物联网技术。通过信息化管理系统进行纸质版档案管理必须详细记录每一份档案的存放位置、名称、调用情况、转递时间、接收部门、相关责任人等信息，并在档案外部设置识别码，通过扫码便可以显示档案管理的基本信息，从而提升档案管理的效率和质量，并加强监控力。

第二，使用信息化技术，建立档案管理信息化平台。对于整体的档案情况进行分类管

理，可以按照类别、年份、性质等进行划分，以便于调阅。与此同时，还要总结档案管理中的问题，制作问题分析曲线、管理需求分析曲线、管理风险分析曲线等，以供管理人员进行工作整改。例如，某一年份，高校人事档案破损较多，分析原因为保管条件不符合要求，现场检查之后，发现环境较为潮湿，可以使用温湿度检测仪及时进行检测，及时进行问题排查和处理。

第三，建立人才信息资源库。这一工作的开展，可以依托 EHR 系统①以及相关技术进行开展。对于高校教师和工作人员档案，则可通过 EHR 系统进行人员评价，还可以进行人才储备，作为岗位调动和培养的依据。对于大学生而言，可以为其就业提供帮助，向一些企业进行推荐，但必须注重保密性，不可随意泄露信息。

（三）管理方式创新，体现针对性

高校人事档案管理应注重方式创新，体现针对性，并为实际工作开展提供有力支持。

首先，高校人事档案信息化管理应使用责任制模式，对于相关工作人员应进行明确的工作内容设计和岗位职责设计。如果发生相关的问题，例如，档案丢失、档案损坏等，应查明原因，进行有针对性的奖惩，从而增强管理人员的责任意识。尤其是在当前的时代背景下，信息安全问题备受关注，档案管理人员必须增强安全意识，具有较高的职业素养。

其次，高校人事档案信息化管理应建立有针对性的监督机制。监督体现在以下三方面：一是档案管理工作监督，档案管理的每一环节都要进行严格监管，管理部门的相关成员、广大师生皆可以对此进行监督，从而实现全员参与；二是档案管理部门必须加强监督，对于档案信息的真实性进行识别，对于相关人员的材料进行核查，对于相关评价结果进行复审，保证档案能够客观、真实；三是在高校人事档案管理工作开展过程中，应建立绩效考核模式，对具体工作人员开展档案管理考核。考核的内容可以从德、能、勤、绩、廉等方面确定，例如，工作态度、工作积极性、工作投入、问题发生率、创新能力、信息化技术操作水平等等，做到优胜劣汰，从而使档案管理人员提高档案管理的意识，强化档案管理效果。

（四）注重问题解决，体现个性化

当前，大学生就业压力不断增加，档案管理应考虑大学生就业问题，为其提供有效支持，助力这一问题的解决。因此，相关方面建议如下：

---

① 　EHR，英文全称 Electronic Human Resource，即电子人力资源管理。

第一，高校必须加强大学生档案管理工作的投入，进行档案优化设计，这是信息化时代提出的新要求。档案管理部门应更加全面地进行大学生相关信息的收集，与企业招聘需求联系在一起，展示学生的优势，为其面试和后续工作提供支持。例如，详细介绍一些大学生的性格特征、日常表现、特长、兴趣爱好、好人好事等信息，可以为企业在用人和岗位安排方面提供参考，做到人尽其才。

第二，高校不同专业的学生在就业方面面临的方向不同，且不同专业具有的就业空间和优势也存在差异。因此，高校有关方面的档案管理必须体现差异化，尽量满足行业需求，体现行业关注的焦点，从而为大学生提供就业帮助。例如，针对一些注重实践经验的行业，应在学生档案中注重实践经验的细化。因此，档案管理应基于事实基础，由相关工作人员指导学生完成填写，从而发挥优势。

除此以外，档案管理必须按照国家相关要求开展具体工作，避免档案失效、遗失的情况发生。管理工作开展过程中，高校与相关接收部门之间必须加强联系，在工作单位变动、档案邮寄等方面进行过程跟踪，有效对接，按照流程操作。而作为广大师生、工作人员、大学生等，需要了解档案的重要性和相关要求，合理进行相应问题处理。因此，建议高校在有关方面做好宣传工作。

（五）队伍建设创新，实现高素质

档案管理工作开展，需要组建专业团队，提高执行力和实际效果。在信息化背景下，应注重队伍建设创新，使具体工作人员能够适应信息化形式，了解信息化的相关知识，并从信息化角度进行工作推进。

首先，高校对于现有的人事档案管理人员，必须进行专业化培训，聘请相关方面的专业人士，讲解信息化与档案管理的要求、档案信息化管理的方法、信息化管理的模式等等，通过实际案例，使工作人员提升意识，并增强专业化水平，从而更好地为信息化背景下的档案管理提供服务。

其次，高校档案管理应有效使用相应的信息化技术和软件并建立相应的平台。因此，必须对工作人员进行实操能力培训，使其能够正确使用信息化工具，减少操作误差。一是进行实际演练，可以由一些职业院校对其进行培训，还可以使用网络学习模式，将相关的操作视频发送到学校网站，由其进行学习；二是高校必须加强档案管理人员的德育工作，使其具有较高的职业素养，能够积极投入档案管理工作之中，主动学习相关的信息化知识和技术，坚守原则。高校可以定期进行档案管理人员综合素质和表现的评价，根据每个人的不同情况进行教育，还要在档案管理部门树立标杆，起到表率作用。

第二节　企业人事档案信息化建设与管理

一、企业人事档案的内涵与特点

（一）企业人事档案的内涵

根据我国人力资源和社会保障部的相关政策，企业人事档案可以被定义为企业劳动、组织、人事等部门在招用、调配、培训、考核、选拔和任用等工作中形成的有关职工个人经历、政治思想、业务技术水平、个人奖惩、工作表现以及工作变动等情况的文件材料；企业人事档案是企业选聘人才的重要依据，也是劳动者个人十分重要的信息资料，同时也是我国档案管理的重要组成部分。对于企业来说，人事档案管理主要是由以下五个核心价值构成的。

1. 真实、客观地记录并反映企业员工的个人信息及活动

从档案本身的存在价值来看，档案的作用就是记录被记录对象的发展历程和活动轨迹，因此，对于企业员工来说，档案就是记录该员工的成长历程及工作轨迹的重要资料。这些记录资料是对该员工个人经历以及个人活动的最真实、最客观的反映，也是表现企业员工个性特点的重要依据，是企业对员工进行职业生涯规划的科学依据，也是企业人力资源管理的重要衡量标准。

2. 必须具备真实性且必须经过企业档案管理部门的严格审核

由于每一个企业员工的个人经历和成长轨迹都存在十分明显的差异，因此，能够被记录在档案中的信息也就呈现出了多样化的特点，但是并非所有信息和资料都可以作为档案资料记录在案，可以被当作档案信息记录的个人经历与成长轨迹必须是真实反映员工个人情况的且必须经过公司档案管理部门审核批准的信息。这样的信息和资料才能让企业人力资源管理部分对员工的个人发展进行更加准确的评估。

3. 管理与归档都有一定的流程

每一个人都有自己的档案，档案里记录了每一个人的成长历程、学习经历以及工作经验和社会经历等内容，因此，档案内容比较多且显得十分繁杂，所以，档案管理的一项重要内容就是对档案资料进行分类整理，且由于每一个人的成长轨迹仍然是一个动态的变化

过程，所以，档案管理还面临着对员工个人档案信息的更新问题，但是并不是所有信息都可以直接进行归档，而是需要按照档案归档的流程严格进行。

4. 以个人为管理单位进行管理

个人档案存在的作用就是记录一个人从出生到目前的成长信息以及成长经历轨迹，并综合反映一个人的真实素质、状况与水平，是企业进行人力资源管理的重要依据。因此，在绝大多数企业的人事档案管理过程中，个人都是作为基本管理单位而存在的，人事档案对于员工来说十分重要同时也是十分机密的文件，对其进行管理的过程中必须严格遵守管理制度，避免混淆个人档案造成的管理问题。

5. 由组织指定专人负责管理

档案管理的主体不同，涉及的工作内容也会存在明显差异，而相较于其他类型的档案管理，人事档案管理具有十分鲜明的特点，由于人事档案的机密性较高且稳定性要求极高，所以，一般来说企业内部往往会安排专门的人来负责档案管理的相关工作，并且对档案管理专员的素质要求比较高，必须满足一定的条件才能具备资格。

（二）企业人事档案的特点

1. 企业人事档案的对象具有特定性

企业人事档案对象的特定性主要表现在以下三个方面：①特定的个人。企业人事档案所反映的都是某个特定对象的思想、业务、工作等各方面的情况。离开特定对象的人事档案是不存在的，它并不属于人事档案的范围，而应归属文书档案的范畴，如企业关于某人的任命文件，在企业档案中属于文书档案，但在企业人事档案中则属于具体某个人的；②特定的岗位。企业人事档案中所反映的个人，总是有特定岗位的，他在企业这个总体系统中总是居于一定的工作岗位的，没有列入考核范围的没有特定岗位的人，并不属于企业人事档案管理的对象；③特定的时期。企业人事档案所反映的总是被保管对象特定时期的真实的历史记录。比如，这个特定时期按年龄可分为少年时期、青年时期、壮年时期、老年时期，按经历可分为在校时期、工作时期等。没有特定时期的人事档案是不存在的，人事档案所记录的总是特定时期的思想和工作内容。

2. 企业人事档案的内容具有客观性

从企业生产经营的角度来看，任何企业赖以生存的基础就是企业的领导以及基本员工，人才是企业发展的最根本动力，为企业的发展贡献出了不竭的动力，因此，企业人力资源管理的重要性逐渐显现出来，而企业的人事档案管理作为企业人力资源管理的基础环节，对员工及领导个人信息以及客观情况的相关反映是企业人力资源管理的重要依据，而企业人事管理的客观性就决定了企业人事档案管理的客观性。从人事档案的内容来看，它能够最直观、最客观并且最全面地展现出员工或领导的个人条件，并且由于人的成长轨迹本身具有的客观性也使得人事档案管理具有鲜明的客观性。

3. 企业人事档案是对企业员工及领导进行思想引导及劳动管理的重要依据

企业的劳动管理实际上就是企业人力资源管理的一部分，主要包括对企业内部劳动力进行安排并对劳动力的报酬及绩效等进行管理与计划的工作，劳动管理是企业人力资源管理中协调劳动关系的重要环节，因此对于企业的发展来说十分重要，而对企业进行劳动管理的核心就是对企业每一个劳动力的基本情况进行了解和考察，由于企业劳动力的数量庞大，因此无法在短期内对所有劳动力的基本情况进行细致了解，这时就需要借助人事档案的资料来对员工的个人条件进行分析，并对其未来的职业发展规划以及薪酬绩效进行安排，所以，企业人事档案是企业劳动管理的重要依据。除此之外，由于企业人事档案内对于员工的政治信仰、政治履历等基本情况都做了详细记录，所以，企业在进行思想引导的时候还可以根据这些基本情况做好相关的学习与宣传计划，推进企业的思想管理与思想引导的健康发展。

二、企业人事档案信息化建设的意义

（一）强化人事档案管理效能

强化档案管理效能是企业人事档案信息化建设的重要价值和意义。在传统的企业档案管理工作中，管理人员往往难以针对档案内容进行深层次的研读和挖掘，对档案内部的相关信息的整合与利用存在一定的不足，导致企业人力资源管理工作受到制约和限制。以大数据技术及计算机技术为基础对企业人事档案进行信息化建设，能够帮助管理人员更加科学地分析人事档案中涉及的内容与信息，并站在宏观层面上挖掘人事档案中的价值，让企业人力资源管理工作得到更加准确的参考信息，为强化人事档案管理效能做出卓越贡献。

（二）减少管理人员的压力

在使用人事档案的过程中，相关管理人员可能会根据需要，对某一项特定的信息内容进行索引查找，然后将档案信息按需转递。但由于受传统企业人事档案管理模式中载体形态的限制和影响，管理人员对特定的档案内容进行查找和转递存在一定的难度。推进企业人事档案的信息化建设与管理，能够有效降低档案索引和转递工作的难度，减少管理人员的工作压力，为提升企业人事档案的管理水平及管理质量提供更加充分的技术支持。

（三）避免人事档案丢失或破损

大量以纸张作为载体的档案内容既需要大量的储存空间，还需要按照相关标准和规范对档案储存空间的环境进行管控，否则容易导致人事档案发生丢失或破损，严重阻碍企业人力资源管理工作的进一步落实。基于信息化技术，管理人员可以进一步减少人事档案管理过程中产生的丢失或破损现象，降低档案管理和储存工作对储存空间的依赖，全面降低企业人事档案管理成本，使企业内部对档案信息的挖掘和利用更加便捷，促进企业的长效化发展。

（四）促进企业人力资源管理的规范化发展

我国企业类型众多，人事档案管理和储存模式也存在一定的差异，企业之间难以形成统一的管理标准，给人才选拔工作造成了一定的负面影响。建设企业人事档案管理的信息化，能够更加充分地强化企业之间的沟通与交流，提高人才培养的标准化和规范化，为企业人力资源管理的规范化发展奠定更加坚实的基础。

三、当前企业人事档案信息化管理存在的问题

（一）信息化档案管理人才较为欠缺

作为企业人事档案信息化建设的主体，档案管理人才对信息化技术的应用能力及了解程度是档案信息化建设水平的重要影响因素。现阶段，在许多企业的档案管理工作中，相关人员未接受过系统、完善的信息化管理模式培训，对人事档案信息化建设工作涉及的相关内容也较为欠缺了解，对档案信息化管理工作缺乏相应的经验，无法适应当前企业人事档案信息化建设与管理工作的发展要求，严重影响了企业人力资源管理工作的水平和质量。由于部分企业给档案管理人员的待遇较低，相关人员的工作热情与积极性难以得到充分调动，对档案信息化管理的策略和手段也未能进行深入的探索和研究，导致信息化建设工作无法为企业内部人力资源管理工作提供充分的信息服务。

（二）信息化建设和管理工作的关注度不足

目前，许多企业的管理者与决策者对人事档案的应用价值并没有明确的认知，对档案管理信息化建设的关注程度较为不足，往往将关注重点放在了实际的市场业务中，阻碍了

档案管理部门的投入，导致企业人事档案信息化管理工作的开展缺乏后盾和支持，不利于企业人力资源管理工作的健康开展。许多企业未能结合人事档案信息化建设工作的实际要求进行有针对性的目标规划和构建，企业人事档案信息化管理工作的开展缺乏明确的方向引领和把控，给企业资源调配决策及日常经营管理造成了一定的负面影响。

（三）制度规范未能及时调整和优化

为了全面加强企业人事档案信息化管理工作的规范性，遵循与时俱进的原则对企业人事档案管理制度的调整与优化具有重要价值。在实际管理工作中，由于企业决策者对人事档案信息化管理和建设工作的认知存在一定的欠缺，关注程度也不足，因此，在进行制度构建时往往照搬照抄其他企业的制度内容，并未结合本企业档案管理体系建设工作的发展实际情况进行改革，使制度与企业档案管理实际之间出现了一定的脱节现象，不利于人事档案管理体系信息化建设工作的全面进步。一些企业未能对档案管理制度设定相关的监督与落实机制，导致档案管理制度规范形同虚设，无法为企业内部人事档案的管理、调阅、增补等关键性工作流程提供参考和依据。

（四）基础设施建设水平存在短板

作为一项管理较为复杂、内容较为丰富的项目，企业人事档案信息化管理工作对企业内部信息化基础的建设水平具有较高的要求。一些企业受到战略发展方向、决策者部署、资金调用情况等客观因素的影响，往往忽视了企业内部信息化网络基础建设的投入，导致其信息化设施建设水平存在一定的短板。一些企业内部系统存在兼容性问题，无法适应人事档案的信息转递及增补，还有一些企业对信息化档案管理平台的功能性内容未进行合理的规划与分析，对信息化平台建设技术人员提出的相关需求不够完善与合理，导致档案管理信息化平台的应用状态与企业人力资源管理工作的实际需求不匹配，也给档案信息化管理和建设工作带来了一定的难度和挑战。

（五）档案信息安全难以得到有效保障

人事档案信息能够反映出企业内部人才的职业发展状况，是企业人力资源管理工作的基石，档案内部的信息内容具有极为关键的价值和作用。一些企业在人事档案信息化建设过程中，忽视了档案信息安全的重要性，未能结合档案管理规范和要求构建完善科学的档案信息安全保护机制，员工隐私信息可能会在人事档案信息化建设过程中发生泄露现象，给档案管理工作造成一定的负面影响。

四、企业人事档案信息化建设的具体措施

（一）全方位加强对档案信息化建设工作的关注度

为了更加充分地优化企业人事档案信息化建设的质量和水平，为企业人力资源管理工作提供科学的信息参考依据，企业决策者和管理者应充分认识到档案信息化管理工作的价值，加强对档案信息化建设工作的关注程度，快速转变档案管理思路及管理模式。具体来说，相关企业可以从以下几方面入手：

首先，由主管单位和部门组织各企业管理者与决策者，对人事档案信息化管理工作的意义进行系统的培训，并向他们传达党中央对档案信息化工作的相关精神部署，引导各企业管理者形成良好的档案信息化管理意识及管理认知，为后续的管理资源调配工作及管理平台建设工作做好铺垫。

其次，应由企业决策者和管理者在企业内部开展相应的宣传与引导。相关管理人员可以综合线上和线下等多种宣传手段和宣传形态，结合当前企业人力资源管理工作的实际发展状况，在企业内部构建良好的认知氛围，使企业内部员工积极配合人事档案信息化建设工作，为企业人力资源管理工作的良性健康发展提供更加充足的动力。

最后，企业内部应按需对人事档案信息化建设工作构建相应的建设目标。作为推动信息化建设工作不断进步的关键，科学、完善的建设目标规划在企业内部管理过程中具有至关重要的作用。相关档案管理人员应对人力资源市场的发展状况进行全面梳理和分析，并基于技术发展形态及企业管理要求，构建档案信息化目标，由档案管理部门负责采取有针对性措施，对目标方案予以全面落实，使企业内部档案管理工作及人力资源调配工作得到更加科学、健全的依据和参考。

（二）培育高素质的档案信息化管理队伍

在企业人事档案信息化建设的过程中，档案管理队伍的能力和素质具有关键作用。在大数据背景下，企业人事档案管理人员面临着新的挑战，相关企业决策者应积极采取措施培养高素质的档案信息化管理队伍，使人事档案信息化管理及企业内部岗位设置具备更加坚定的人才基石。相关企业可以采取以下策略和措施：

第一，基于大数据背景对人才吸纳和选拔标准进行重新调整和优化。随着计算机技术及信息化技术的快速发展，大数据逐渐成为企业决策和管理工作的关键性工具。大数据技术的应用水平能够有效地反映企业的经营管理水平及人力资源的规划和调配水平，因此，

确保人事档案信息化管理人才选拔标准与大数据技术背景相适应具有重要意义。相关决策者应综合考量档案管理人才对大数据技术的理解认知及对信息化档案管理技术的应用能力，使最终的选拔结果符合大数据背景下企业人力资源管理工作的相关要求，为后续的管理工作做出相应的贡献。

第二，结合日常工作中的实际问题开展有针对性的培训。由于企业人事档案信息化建设工作涉及内容较为丰富、技术专业性较强，因此，档案管理人员可能会在日常工作中遇到一定的问题和困难。企业可以定期组织档案管理人员对信息化档案管理技术进行学习和研讨，并对工作中遇到的问题进行及时解决，进一步提升企业人事档案信息化建设成效与建设水平，帮助企业向着规范化、标准化的方向发展。

第三，为了进一步提升档案管理人员的工作热情，企业还应有针对性地建设相应的激励机制，将档案信息化管理人员的工作成效与薪酬激励相结合，不断提升档案管理人才的待遇，使相关管理人员能够全身心地投入信息化建设和管理工作，使企业决策内容更加合理、发展方向更加健全。

（三）强化资源调配进行基础设施建设

为了进一步保障企业人事档案信息化建设目标的圆满完成，企业应做好相应的设施建设支持工作。现阶段，人事档案信息化建设的硬件设施主要包括机房设备、网络设备、扫描录入设备、移动存储介质、调阅设备。企业管理者和决策者应根据相应款项及要求，对档案信息化建设方案中的设备进行采购，使企业内部的信息化硬件设施完全符合人事档案信息化建设工作的开展需要，从而使档案信息化建设和管理工作得到更加坚实的物质基础与技术支持。企业档案管理人员应对设备采购流程及设备性能进行全方位监管，确保整个建设流程合法合规。

（四）积极完善人事档案信息安全防护措施

人事档案信息涉及企业员工的重要个人信息，因此，如何确保人事档案信息化建设过程中档案内容的安全性，已成为企业决策者及档案管理人员面临的重要挑战。为了积极完善人事档案信息安全防护措施，企业可以采取以下三方面措施：首先，企业应构建较为完善的、以硬件与软件相结合的信息安全防护体系，依托网络防火墙、内外网隔离或权限划分等有针对性的措施，确保档案信息化管理系统的访问安全，避免因系统设计隐患导致的信息泄露现象；其次，应对人事档案信息的安全进行定期审核，并由企业内部信息技术人员针对系统安全系数做出针对性评估，对系统中涵盖的相关安全漏洞进行全面优化和处置,使人事档案信息安全得到更加坚实的保障;最后,企业还应基于档案信息化管理模式的优势和特点,定期对档案数据文件进行备份,使数据丢失或受损的风险降至最低,使信息安全防护系统涉及层次更加全面、防护效果得到充分提高。

(五)打造科学规范的人事档案信息化管理制度

完善科学的档案信息化管理制度是确保企业人事档案信息化管理工作规范健康发展的前提。为了进一步提升人事档案信息的利用价值,在进行制度构建的过程中,应遵循以下三方面原则:

首先,集中统一管理原则。各部门应将员工档案信息进行集中和汇总,并由档案室负责对企业所有员工人事档案进行管理,并指定专人专岗对档案信息进行整理归类,确保档案的真实可靠,避免因管理混乱导致的档案失真情况。

其次,流程严格性原则。在企业的人力资源管理工作中,可以按需对某个个体的人事档案信息数据进行调阅和查询,而在这一过程中,应严格控制档案调阅流程和环节,对调阅部门、调阅时间、经手人等关键信息进行全方位登记,并由主管负责人签字才能进行后续的流程,确保信息安全可靠,杜绝档案信息窜改现象的发生。

最后,规范性原则。一些单位和企业在进行人事档案信息化建设的过程中,未能对档案信息化格式进行明确,导致档案信息的应用受到一定的阻碍。企业档案管理人员应按照《电子文件归档与管理规范》中的相关内容对人事档案信息化数据格式进行规定,避免在格式转换过程中产生的文件失真和成本支出,提升档案信息化管理的规范性。

(六)进一步拓展档案信息平台功能模块

为了进一步强化企业人事档案信息数据的应用价值,企业应进一步拓展档案信息平台的功能模块,使其与现代企业人力资源管理工作的相关要求相适应。一般来说,企业内部人事档案信息化管理平台应涵盖档案信息管理、员工考勤管理、员工绩效管理、员工薪酬激励及人才信息分类等多个功能性模块。一方面,可以提高人事档案信息化管理工作的水平和质量;另一方面,可以为企业人力资源管理工作提供更加关键的信息依据和参考。企业档案管理人员应对档案信息化管理平台中的功能模块进行全面地分析和研究,提升平台的应用成效,让人才管理工作实现质的飞跃。

第三节　医院人事档案信息化建设与管理

一、医院人事档案的重要意义

(一) 人事档案工作是医院人事管理的重中之重

医院人事档案是以个人为单位集中保存的，内容包括反映个人经历、政治思想、德才能绩、工作表现等方面的文字、表格及其他各种形式的历史记录。它是个人参与社会方方面面活动的记载和自然情况的真实反映，是医院及上级机关全面地、历史地考察和了解一个人的依据，也是人事管理工作的重要组成部分。人事制度改革应切实加强医院人事档案管理，提高档案利用率，确保档案材料真实可靠，更好地为医院选拔和使用人才提供翔实的依据，是医院人事档案工作的重中之重。

(二) 人事档案是医院选拔人才的重要参考依据

医院的人事档案是多方面的基础和依据，如人员的聘用、调动、职称评定、职务任免、工资调整、退休等。实行科学有效的人事档案管理，有利于医院合理配置人力资源，有利于医院制订切实可行的专业技术人才发展规划，是医院选拔人才的重要参考依据；同时，实施科学的人事档案管理工作还能提升医院形象，提高医院的经济效益和社会效益。

(三) 人事档案工作是医院建设的重要环节

人事档案管理属于特殊专门档案，是对了解个人依据的全面性、历史性的诠释，是党组织、人事工作中及人事管理必不可少的重要组成部分。人事档案管理是医院建设的重要环节，记录了医务人员的基本资料、社会关系、业务素质、意识行为、政治道德、工作情况、惩处奖赏等，能真实地反映医院个人的整体情况，为医院领导提供各类人才资料及用人基础，对医院开发人才资源具有重要价值。

二、医院人事档案管理的现状

(一) 管理模式落后

在信息技术快速发展的现阶段，部分医院在对人事档案进行管理时仍使用传统的管理模式，不但影响人事档案的管理质量，还无法满足现代化的医疗环境需求。人事档案管理多为静态形式，未将信息技术引入其中，严重制约着人事档案管理的发展。

（二）更新缓慢，利用率低

随着医院建立时间的延长，工作人员一般会越来越多，会导致档案资料持续增加，然而由于档案管理中未使用信息技术，会延缓档案信息的更新速度。并且，由于部分管理者并不重视人事档案管理，导致出现新情况后无法及时使用档案信息，降低了人事档案的利用率。

（三）容易丢失

目前，在医院的人事档案管理中，内容造假或缺失现象很多，从而会影响人事档案资料的真实性和完整性。由于人事档案管理中对档案不够重视，前期投入不足，导致无法采购新型设备和引进新技术，进一步造成人事档案收集不够准确和完整，甚至部分管理者在使用档案时还出现失真现象，降低了档案的有效性。另外，人事档案管理人员的工作素质和业务能力也有待提高，整理能力不足就会使档案资料出现大量的虚假信息，会影响人事档案的可信度。

三、医院人事档案信息化建设与管理的实现途径

转变传统的管理模式和手段，使用计算机对人事档案进行管理，能高效地分析、存储、查询档案信息，为管理人员提供全面、准确的信息资源，有利于构建开放性的信息系统，能够充分发挥档案资源的作用。

（一）转变传统的管理模式

要想推动人事档案信息化发展，管理者要在分析医院现状的基础上，转变传统的管理模式，提高档案信息的利用率。

首先，转变以往的管理理念，树立新的服务意识，提高工作主动性和积极性。在实际工作中，管理人员、相关工作人员都要重视档案信息，提高档案的利用率。在信息化背景下，人事档案信息化管理已成为主要发展方向，要想实现该目标，就要在现代化的管理理念下管理人事档案。无论是人事档案的管理形式还是来源，都会在时代的发展中发生变化，要想加强人事档案管理就要对管理模式进行创新。从当前的档案管理来看，主要为电子资料载体、纸质档案，仅使用传统的管理模式和手段已无法满足需求，而新载体的出现

从某种程度上推动了管理模式转变。

其次，服务是人事档案管理的属性之一，因此，管理人员要增强自身的服务意识，保证档案信息的真实性、完整性。医院发展中出现异常时，管理人员要及时参考人事档案进行处理，特别是在现代社会快速发展的背景下，更要加强档案管理，便于充分发挥档案信息的价值，为日后顺利开展工作提供保障。

最后，在医院的人事档案管理中，档案管理室、科室使用的是不同的模式，传统的管理模式比较呆板，故而需创新管理模式，实现资源共享，提升人事档案管理水平。

（二）加大人才培养力度

人事档案管理需要复合型、高素质的人才，除要掌握专业的管理知识外，还要具备计算机知识、外语知识，更要在实际工作中遵守相关标准和法律。但是从当前的人事档案管理工作来看，工作人员普遍存在学历低、信息化素养低、管理知识缺乏等问题，因此，须加大对管理人员的培训力度，以此提升工作能力和知识水平。同时，医院还要引进优秀人才，适当提高工资报酬，让他们能够在自身岗位发挥价值。

（三）细化信息化建设的分析框架和制度框架

在人事档案信息化建设中，管理人员需要借助计算机的分析和处理功能，对人事档案中的数据进行处理，便于提高档案信息的处理效率，保证数据分析的精准度。在加强人事档案信息化建设时，首先要满足宽带化需求，在原有的管理中心、网络结构上，借助计算机办公为信息化建设提供足够的物质支持。另外，还要基于自身情况开发数据库软件，明确分项地录入和标注相关信息，尽可能提高存储能力和相应软件的可行性，利用行之有效的分析能力提升管理水平。

以往的人事档案管理中，模式多为人工管理，时间长、工作量大，再加上多重复性工作，降低了工作效率。此外，人工处理也无法及时传递和分享信息，导致运行流程缺失。而完善信息化管理机制，能在保证管理效率和质量的同时，建立规范化的制度框架。由此可见，要想实现信息化管理，就要合理使用网络，根据医院实际建立管理制度和条款，在充分发挥信息管理效能的情况下，优化处理策略，强化信息化管理机制的约束性，以此实现最终的管理目标。

（四）建立人事档案管理数据库

在人事档案管理系统建设期间，除了要采购先进、合适的技术设备外，还要重视资源系统的使用，积极、主动地收集信息资源，通过对资源的管理和开发，实现最终的应用目标。医院内部还要建立有针对性的管理数据库，并结合实际适当拓展使用范围，提高服务意识。人事档案信息数据库的内容包括工作人员信息、学历、年龄、职务和工作时间等，需要调用时只需在计算机中查找姓名就能获得全部信息，能够缩短检索时间，提高检索效率。

同时，还要尽量用计算机进行管理。随着科学技术的发展，医院内部开始使用计算机技术对人力资源进行管理。计算机管理能预防人工处理带来的失误，减轻工作人员的压力，节约工作时间，提高管理效率。部分医院在多年发展的过程中已实现网络微机化，借助现代科学的网络技术，可以借助介质交换输入档案资源，将人事档案资料保管于现代化的介质上，能保证人事档案资料的完整度，延长档案资料的使用时间，预防资料浪费。此外，还可使用远程技术进行数据交换，实现最终的共享资源目标。

（五）建立信息化建设和管理的同步结构

医院人事档案管理工作的开展，需要信息管理机制、处理流程同步进行，借助规范、全面的机制来约束操作流程，提高信息化建设的准确性，在对相关问题进行整理和收集后，对制度项目进行完善，能保证管理框架的完整性，提高人事档案的利用率，充分发挥人事档案的使用价值。另外，还要在建立同步结构时提高管理人员的业务水平、管理能力，以此保证数据库的完整度。须格外注意的是，医院人事档案管理工作专业性比较强，不能单纯使用市场上的管理软件，需要采用专业团队健全处理机制，才能保证档案管理工作有序进行。

（六）提升信息化建设和管理的时效性

医院人事档案中使用信息化管理机制，能保证人事档案信息的完整度，而且信息的传递途径也比较丰富，符合现代化的人事档案管理需求。当然，在运行人事档案信息处理机制的同时，管理人员要清晰、全面地了解信息化管理的时效性，提高对原始信息的重视度，特别是针对具有不稳定性、可变性特征的信息，要借助信息化建设手段完善信息管理结构，并对原始信息加强管理。在信息化快速发展的背景下，人事档案管理中出现的问题越来越多，比如，电脑内部硬件因操作不当、病毒侵犯等因素会影响档案信息恢复，这就需要医院规范操作流程，提升管理人员的网络检查、维护能力，借助系统、规范的管控机制提高信息化建设和信息化管理的时效性。

第四节　机关事业单位人事档案信息化建设与管理

一、机关事业单位人事档案管理概述

人事档案管理是以人事档案为对象，对其进行收集、整理、保管、鉴定以及利用等一系列活动的过程。人事档案在人事管理活动中形成，其所反映的个人经历及相关表现，是对个人进行考察的重要文件资料。在全面深化改革背景下做好人事档案管理工作，是新时期机关事业单位管理效率提升的内在要求。

机关事业单位人事档案管理工作，具有十分重要的意义。

第一，有利于优化机关事业单位的人力资源结构，提升个体效能。人力资源作为第一生产力，在机关事业单位中发挥的作用是毋庸置疑的。作为反映机关事业单位干部职工自然情况、思想经历、专业素养、工作业绩的记录性材料，人事档案为机关事业单位人力资源规划以及结构优化提供了参考。通过对人事档案管理能力的提升，机关事业单位能够更好地进行人力资源挖掘，提高人力资源管理的效率；与此同时，能进一步调动干部员工对工作的积极性，提升个体效能。

第二，为机关事业单位评估、调配个体工作提供基础资料。机关事业单位人事档案是教育培训、选拔任用、管理监督和评价人才的重要基础，是社会信用体系的重要组成部分。在全面改革的过程中，机关事业单位也陆续进行了工作评价机制的改革，晋升制度也有所调整，基于上述背景所产生的个人工作表现也纳入了人事档案范围，形成了完整的人事信息链。人事档案管理则是按照规范的管理流程，对人事信息进行收集、鉴别、审核、加工、编目、整理、保管、利用和转递，在其过程中所提取的关键信息为个人工作评价以及职位任免提供了参考，为客观判断创造了必要条件。

第三，有助于提升档案资料管理的效率，实现规范化管理。做好人事档案管理是全面做好机关事业单位人事档案管理工作的构成部分，在机关事业单位人事档案管理中建立有效并且规范的管理体系，保护档案资料不被损坏，再结合各系统的实际情况，创新人事档案的管理模式，促使档案管理工作更好地服务于机关事业单位的发展，维护人事档案的安全。

二、新形势下机关事业单位人事档案信息化建设

（一）机关事业单位人事档案信息化建设的必要性

1. 符合时代发展的趋势

电脑和网络通信技术普及以来，信息化就以不可逆转之势迅速席卷世界各地。在这样的大背景之下，档案管理工作必然进行改革。目前，很多大型档案和数据管理机构已经实现了信息化改革，从国家档案局到各大高校图书馆，从博物馆到人才市场，档案信息化俨然已是趋向所指。随着以云计算、物联网和大数据处理为代表的信息技术革新升级，档案管理工作中的很多难题也迎刃而解，档案管理的信息化改革就更加体现了它的优势所在①。

2. 成为机关事业单位改革发展的重要内容

现代事业单位制度普遍引入了信息化的概念和信息共享的管理理念，较为基础的信息管理包括终端电脑、内部局域网络、内部数据库、共享服务器等，高端的则通过专业系统工具如电子数据系统（简称 EDP）、事业单位资源管理系统（简称 ERP）、供应链管理系统（简称 SCM）等现代化的管理平台实现对事业单位共享信息系统的构建和信息化管理的实践运作，通过这些平台对事业单位生产经营的各项数据做统一存取、筛选、分析、汇总等操作。在机关事业单位对整个业务流程和部门职能进行体系性整合和信息共享的需求之下，人事档案管理工作作为拥有最多数据和信息资源的职能部门，自然需要被纳入整个信息化系统中去，以满足事业单位信息化改革和发展的整体需求。

3. 顺应档案工作发展的需要

日常的事业单位人事管理，往往需要调阅相关资料和信息，在信息化管理模式之下，只需通过数据库的检索、分析等功能就能将这一系列动作瞬间实现。同时，传统档案管理手段的人工操作方法面对如此巨大繁杂的档案信息和数据，难免在管理时出现纰漏，而通过信息化手段进行管理，通过设置一定的功能模块实现差错预警和报警机制，则能有效避免档案管理中的差错，提高人事档案管理能力，更好地服务事业单位发展和社会经济。

（二）机关事业单位人事档案信息化建设的内容

---

① 尤丽. 浅谈新形势下事业单位档案管理的改革 [J]. 山西档案，2014（06）：63-65.

1. 档案管理体系化

机关事业单位人事档案信息化可以消除传统管理模式的异构性，通过将机关事业单位各个阶段、各个部门以及各个层级的档案信息全部集合到统一的机关事业单位信息管理平台之下，从而实现整个机关事业单位的一体化管理同层级管理相结合的科学管理体系。体系化的具体内容包括传统模式与现代模式一体化、文档一体化、内部流程一体化、部门衔接一体化以及外部衔接一体化①。需要采用的信息技术手段包括数据库技术、数据集成技术、数据挖掘技术和数据融合技术等，由此可以消除技术壁垒和主观意识壁垒，增加数据的兼容性和通用性，实现机关事业单位人事档案信息化的体系集合和共享。

2. 档案管理自动化

档案管理自动化是对机关事业单位人事档案管理信息化改革的高端考验，同时也是这一改革的成果展现。自动化实现的技术包括 OCR 识别、电子标签、数码扫描识别以及数据自动处理等功能模块，最终能实现减少人力甚至无人操作状态下的数据信息自动存取和整理的需求目标。

档案管理自动化的主要内容如下：数据自动收集、自动提取关键词、自动编制目录、自动生成档案号及归档、自动检索、自动筛选、数据自动处理等。

档案管理自动化的具体实施方法包括两个层面：①输入。按照事先对系统的设定规范录入所需信息，继而通过数据库功能将信息自动整理归档；②取出。同样将所需信息按照规范发出指令，即能完成数据的自动处理、批注处理功能。

3. 档案管理互动化

信息化则完全改变了档案信息利用率不足等很多不利状况，不仅实现了一对多的高效联动模式，同时可以采用管理人员在线服务方式，或者通过系统自身功能模块开发实现档案管理同信息需求者的实时互动，由此大大增强需求者的操作体验，提升客户满意度。同时还能及时收集用户体验反馈，从而对整个数据系统进一步更新优化，在保证信息管理高效的同时，更优化了信息管理的本职服务功能。

（三）机关事业单位人事档案信息化建设的实现路径

第一，重构机关事业单位人事档案管理业务流程。"业务流程重构"是指在信息化背景之下，重新审视机关事业单位人事档案管理工作的各个流程环节，分析其中的职能设计

和运行效率，发现其中存在的问题或可以优化升级的空间，进而通过现代信息和网络技术加以重新规划、整合、升级。由于信息化对社会的变革是本质的、彻底的，因此，业务流程重构也同样要触及本质、彻底深入，使流程更加符合信息化建设需求。

第二，建立流动人员人事档案管理制度。以人事档案代理制度为依托，结合流动人口的特点，建立流动人员的人事档案管理制度。除管理对象和管理机构不同外，在管理要求、管理原则以及管理方法等方面都是差不多的。

第三，实施机关事业单位人事档案代理制度。人事档案代理制度把应该由用人单位负担的社会责任从单位剥离出来，由社会承担，从而解除了单位与个人的依附关系，有助于用人机制的科学性以及人才流动的合理性。人事档案代理制度的实质是人事档案工作不断专业化、社会化、公开化。

第四，推行机关事业单位人事档案信息化建设。机关人事档案信息化的初衷是通过人事档案材料数字化的方式，推动人事档案的审核，保障人事档案内容的真实性和可靠性。同时，机关人事档案信息化建设不仅提高了机关人事档案的服务水平和工作效率，也影响着机关人事档案管理规章制度的变迁和干部档案工作理念、方式的变革。

第五，实行机关事业单位人事档案的目标化管理。目标管理，一方面统一了机关人事档案工作的科学化、制度化以及规范化建设的标准，另一方面强化了基层管理机构与中央部门之间的联系。机关人事档案的目标化管理不是最终目的，而是一种管理手段，主要原因包括：各项目标的设置覆盖机关人事档案管理的所有内容；考评标准和考评内容本身需要适时更新与调整，需要根据机关人事档案管理的实际情况进行不断调整。

三、机关事业单位人事档案信息化管理要点

（一）人事档案管理实施机构要求

人事档案信息化可由档案管理单位自行开展或者委托档案服务机构承担。项目实施机构应符合以下要求：

第一，在中华人民共和国境内登记注册的企业或事业法人，且无境外（含港澳台）组织、机构、人员投资；具备工商管理部门核发的有效营业执照，其业务范围中具有数字化加工或者档案扫描项目。

第二，参与档案信息化工作的工作人员为中华人民共和国境内公民，无犯罪记录，与所在档案服务机构签订劳动合同，并通过县级及以上档案、保密行政管理部门组织的培训。

第三，具备与档案信息化工作相适应的信息设备和技术；安全保密管理制度健全，有完善的档案数字化加工组织管理方案、档案和信息安全保密风险防范预案；设有专人负责安全保密工作。

第四，三年来未发生档案安全事故、泄密事件，无非法获取或非法持有档案及档案复制件、国家秘密载体等行为。

（二）人事档案管理实施人员要求

1. 资质要求

（1）项目实施人员要求为中华人民共和国境内公民，具备过硬的政治素质和较高的思想素质，工作行为规范严谨，熟悉干部人事工作业务知识和计算机操作，文字书写工整，与在库档案人员无亲属关系。

（2）项目实施机构负责对项目实施人员进行岗前培训，确保实施人员熟练掌握人事档案管理工作法律法规、规范条例，了解人事档案管理信息系统的基础架构，熟练掌握人事档案信息化创建实施工作标准。

（3）档案管理单位负责组织项目实施机构、人员进行上岗考试，考试分为笔试与上机操作两部分，及格线为90分，考试合格后方可进行工作①。

2. 人员配备及职责要求

项目实施机构应配有一个项目经理，图像采集、高清处理、裱糊装订三个业务组长及组员若干。人员配备及职责要求见表4-1②。

表4-1　项目实施机构职责要求

岗位	工作职责及要求备注
项目经理	负责项目的总体沟通协调工作，带领项目组完成项目任务
业务组长	负责实施现场的沟通协调工作，带领组员完成项目任务
组员	根据项目经理、组长的安排开展具体项目实施工作

3. 管理方式

（1）项目实施人员应遵循人事档案管理单位的各项规章制度，并签订保密承诺书。

（2）项目实施人员按照人事档案项目管控组的要求，开展项目实施工作。

（3）项目实施人员由项目实施机构统一管理，日常考勤、考核由人事档案管理单位负

① 刘艳辉. 机关事业单位人事档案信息化管理问题及策略研究 [J]. 佳木斯职业学院学报, 2019 (08)：299-300.
② 朱玉媛，周耀林. 人事档案管理原理与方法 [M]. 武汉：武汉大学出版社, 2011：71.

责并定期向实施机构反馈，实施机构根据人事档案管理单位提供的情况对相关人员进行奖惩。

（4）人事档案管理单位提出更换实施人员的要求，项目实施机构应按要求的日期调换到位。

（5）项目实施机构未经人事档案管理单位同意不得随意更换项目实施人员，如需更换，提前30个工作日提出申请，经人事档案管理单位同意后，经过至少10个工作日的工作交接并经人事档案管理单位确认后，方可进行人员更换。

（6）人事档案管理单位建立项目实施周会制度，项目实施机构项目经理按照档案管理单位要求每周做好工作总结、项目进展和状态报告，参加周会并做好会议记录。

（7）现场工作人员要求统一着装，保持良好的精神风貌。

（三）人事档案信息化管理流程

第一，档案信息化组织实施部门、单位和档案服务机构应明确责任，规范管理档案。档案出入库必须仔细清点，完备登记和办理交接手续。

第二，按卷（批）建立档案信息化处理单，在数字化加工流程中与档案实体同步流转，每个档案交接环节均清点签字。

第三，发现档案原件错、缺、污、损等情况的，要及时与档案服务机构管理人员共同审核，并登记、签字确认。

第四，档案应由专人负责在专用档案装具中保管，严禁随地堆放，使用完毕及时归还入库。

第五，档案服务机构和工作人员严禁私自复制、留存、转让、转借或出售档案数据，不得泄露档案信息。

第六，档案信息化工作人员应遵守档案数字化操作规范，防止损毁档案。

第七，档案信息化组织实施部门、单位和档案服务机构应由专人负责档案信息化数据管理，采取可靠措施安全保管，交接应办理手续；档案数据移交前应进行验收检查，确保与档案原件一致，符合质量要求，无病毒和木马，可读、有效；移交后应及时登记入库，不得私自保管。

第八，档案信息化组织实施部门、单位应科学管理档案数据，并采用异质、异地备份等方式，确保档案数据完整、安全和长期可用。

（四）人事档案信息化管理设备

第一，档案信息化组织实施部门、单位应对用于档案信息化的信息设备及存储介质进行检查登记，并按相关保密标准和安全规范进行管理。

第二，用于档案信息化的信息设备及信息系统必须与其他网络物理隔离，禁止安装使用无线网卡、无线键盘、无线鼠标等具有无线互联功能的硬件模块和外围设备，不得使用笔记本电脑、平板电脑等便携信息设备。

第三，档案信息化组织实施部门、单位应采取措施，对档案信息化设备的输入、输出接口进行封闭处理。须开启使用时，应经过批准和登记并由各单位安全保密管理人员全程监督。

第四，用于档案信息化的设备和存储介质严禁与其他用途设备和存储介质交叉使用；非专用设备和存储介质严禁带入场所；设备和存储介质移出场所前，应进行安全保密技术处理，并经各单位安全保密管理人员审批同意后方可移出。

第五，用于档案信息化的设备和存储介质不得擅自外送维修，维修应有专门人员现场监督。无法确保数据可靠清除的设备和存储介质，如打印机、硬盘、移动硬盘、U盘等，严禁外送维修。

第六，用于档案信息化的设备和存储介质，未进行符合国家保密标准的信息和数据清除前，不得改做其他用途。报废的应按保密规定进行处理。

第七，移动存储介质和刻录机等数据拷贝设备应指定专人保管，每次使用应经批准和登记，并在保管人员的监督下使用，用后立即归还。

第八，档案服务机构在结束工作任务后，应将自带的硬盘、移动存储介质以及无法确保数据可靠清除的设备移交各单位保管或销毁，严禁擅自带走。

（五）人事档案信息化管理数据备份

第一，人事档案信息化管理数据备份应及时、准确，按照以下时间要求在服务器硬盘、移动存储介质中分别保存2~3个备份。当天工作结束后，及时检测当天新产生的数据，并在服务器硬盘上备份。每周在服务器硬盘和移动存储介质上对本周数据进行备份，每月对全部数据进行一次总备份。每增加10G的数据，须在光盘上对增加的数据进行备份。

第二，数据应在解密后再进行备份，备份的数据应能正常被计算机识别、运行，并能准确输出。

第三，存储人事档案信息化管理数据的移动存储介质应按要求由专人妥善保管。移动存储介质上应贴有标签，标签上须注明存储介质的序号、密级、保管期限、存入日期等信息。

第四，存有人事档案信息化管理数据的光盘不得擦洗、划刻、触摸盘片裸露处，不得弯曲、挤压、摔打盘片，防止盘片沾染灰尘和污垢，避免阳光直接照射。存放移动存储介质的环境温度为 14~24℃，相对湿度为 45%~60%。移动存储介质应远离热源、酸碱气体和强磁场。

第五，对存储信息化人事档案数据的移动存储介质应每年进行一次检验，发现问题及时采取恢复措施。对光盘等存储介质上的信息化人事档案数据，应每 4 年转存一次。原存储介质保留时间不少于 4 年。

第五章 | 人事档案的数字化建设与管理

第一节 人事档案的数字化演变

一、人事档案数字化的含义

人事档案数字化就是利用计算机技术和相应的设备，将各种传统介质的人事档案信息通过计算机技术转换为数字化的、可以被计算机识别的数字信息，组织加工整合成各种数据库形式进行存储，然后通过网络和信息系统提供快捷方便的人事档案信息服务，从而提高人事档案的利用效率和人事工作的管理效率。人事档案数字化的实现，必须有相应的系统软件及管理软件、必要的输入设备和需要转化成为数字的人事档案。传统介质的人事档案只有完成数字化加工后，才能以数字信息的形式通过档案信息网站等服务平台向社会提供高效快捷的服务，从而真正实现档案信息的资源共享。

人事档案资源的数字化建设主要有两种方式：一是通过人事档案管理系统直接接收人事部门移交的人事档案数据；二是通过对传统的纸质、照片、录音、录像、缩微品等人事档案进行扫描、图像处理，转变为文本、图像、图形等数字格式的信息，加工成各种类型的数据库，以便下一步利用计算机及信息系统提供人事档案信息的检索和利用。

二、人事档案数字化的基本要求

人事档案数字化建设是人事档案信息化建设的基础，因此，应站在全局的高度来对人事档案数字化提出要求。从某种意义上而言，人事档案的数字化和信息化建设，既是一种理念，也是一种应用，它涉及对先进的技术设备的使用培训，对多种技术的综合应用，人事档案管理系统对数字化的标准要求，人事档案管理部门在组织、规划、实施等过程中对整个信息化建设的认识程度和把握尺度等多个层面的问题。人事档案数字化工作的开展要遵循以下基本要求：

（一）科学合理规划

由于人事档案数量繁多、内容复杂、记录形式多样、载体形态迥异，以及人事档案管理系统对数字化的规范性要求，人事档案的数字化工作绝不是一朝一夕就能完成的，因此，必须对数字化工程进行整体规划，从数字化目标、组织领导、资金预算、项目操作方式、人员分工安排、数字化对象与范围的选择、数字化设备的选择、数字化技术标准的制定、技术支持、计划进度等方面逐一研究确定。数字化建设必须未雨绸缪，一旦真正实施，就很难再做变动，如果准备不够充分和科学，将直接影响人事档案工作的信息化建设进程。

（二）质量优化

质量优化是人事档案数字化的根本要求。它包括两方面的内容：一方面是人事档案数字化对象的质量要求，另一方面是人事档案数字化的技术质量要求。人事档案数字化对象的质量要求是指录入或扫描的信息要与原件内容保持一致，准确无误，全面系统。对于重要的人物档案信息，可有选择地录入全文信息，对于破损的但利用率较高的人事档案，可考虑优先进行数字化处理。人事档案数字化的技术质量要求是指人事档案的数字化要遵循相关的国家标准和行业标准以及技术标准，采用先进的数字扫描和识字迁移技术，保证数字化后的人事档案数据真实完整，图像不发生变形，数据易于管理保存，信息检索快捷方便。数字化是档案信息化的前提，而标准化又是实现档案数字化的前提。

（三）安全保密

目前，档案的数字化一般有两种模式，一种是自行开发录入，另一种是项目外包。由于人事档案的保密性要求较一般档案高，因此，在人事档案安全性不能保障的前提下，不建议人事档案数字化采取外包加工的形式，如果在能够保障人事档案的保密安全要求条件下，这种数字化外包形式需要签订数字化保密协议。在人事档案数字化过程中，无论采取何种形式，防止纸质档案的丢失损毁、防止数据录入的遗漏增删、防止数据的人为窜改等安全措施均是十分重要的，此外，对人事档案数字化加工的环境也要进行监控和管理。

（四）实用性强

人事档案数字化是为了实现人事档案的有效管理和人事档案资源的利用和共享，从而提高整个人事管理工作的效率，因此，人事档案数字化工作的开展也要紧紧围绕单位人事工作的重心来进行，使数字化后的人事档案信息能够更好地发挥作用，更方便地供查考利用，否则，人事档案的数字化就会失去根本意义，而且会造成人力和物力的浪费，得不偿失。

三、人事档案数字化的意义

（一）创新承载模式

传统人事档案管理主要依托计算机及人工模式，无论是人事档案资料的收集、整理、归档，还是后期的查询、检索和利用，整体效率较低，且难以全面掌握单位人事信息。将人事档案数字化，借助计算机信息技术、数字计算存储技术等，能够将各种原本承载于纸质中的人事信息，由磁盘、光盘和软盘等存储，并按照既定要求存储于人事档案数据库，人事档案信息分类更加精细、查询更加便捷、安全更有保障。

（二）丰富管理手段

传统人事档案管理主要依靠人工管理，管理的手段和方式相对落后。利用先进的数字技术、计算机技术和互联网技术，将采集到的人事档案信息存储于人事档案管理系统，完全实现人事档案数字存储、数字查询和数字管理，无论是信息录入还是检索查询都更加便捷，管理的手段朝着更为智能化、自动化、信息化方向发展，管理手段更加丰富多样。

（三）提升决策水平

人事档案具有重要的参考价值，通过人事档案信息的分析，能够准确掌握现有人员的数量、类型、年龄结构、专业结构、工龄结构、性别结构。通过这些重要人事档案信息资源的分析研判，可掌握单位已有人才结构情况，为做好人才培养、选拔、任用，以及新进人才的招录等提供参考，并能提供更为精准、科学的决策依据。

（四）发挥人才优势

人才是 21 世纪最宝贵的资源。人才资源是第一资源，人才优势也是最大优势。传统人事管理逐渐朝着人力资源管理方向转变，也更加注重人才资源的开发和利用。通过人事档案数字化管理，可以精准且全面地分析现有人才资源的结构，为单位使用人才、激发人才内生动力和创造力提供第一手重要的信息资源，从而将人力优势转化为现实的人才优势。

四、人事档案数字化实践

（一）转化前：做好数字化准备

1. 全面摸底

人事档案数字化工作，首先的一步是要全面摸清底数。应掌握人事档案数字化的具体规模和数量、各种馆藏人事档案的具体类型，以及不同类型人事档案的具体馆藏情况。具体来说，可根据不同分类标准进行摸底：按照人员结构，可分为离退休人员档案、专业技术人员档案、行政管理人员档案、工人档案；根据材料内容，可分为履历类、自传和思想类、学历学位/专业技术职务（职称）/学术评鉴和教育培训类。

2. 制订方案

人事档案数字化工作要制订具体的转化方案，方案包括人事档案数字化转化领导小组、转化时间、转化要求、验收标准。

3. 业务培训

在摸清人事档案底数以及制订人事档案数字化转化方案的基础上，要组织参与人员进行业务培训，培训的内容包括《干部人事档案工作条例》《干部人事档案专项审核工作实施方案》《干部人事档案审核缺件处理办法》，相关的人事档案数字化标准和规范知识，以及本单位出台的相应管理制度的学习，使参与人员熟练掌握人事档案数字化的标准和要求，统一人事档案标准、规范。

4. 设备保障

人事档案数字化专业性较强，既可选择外包，由第三方专业机构协助完成，也可由人事档案管理单位根据实际自行完成。无论是选择外包方式，还是独立完成，都要配备相应的计算机、人事档案管理软件等，为人事档案数字化打下扎实基础。

（二）转化中：做好数字化质控

1. 确定转化方式

人事档案数字化转化的方式主要为扫描仪扫描。在选择该种转化方式后，要选择相应的扫描仪。针对人事档案篇幅较小，馆藏时间久远且纸质薄脆等特点，可选择平板扫描仪，既可降低数字化成本，也能够更好地保护原始人事档案资料，在扫描薄脆、年代久远的纸质人事档案上更具优势。

2. 明确转化标准

在确定人事档案数字化转化方式后，需要进一步明确数字化转化的标准和格式。具体来说，就是要根据《干部人事档案数字化技术规范》《平板式扫描仪通用规范》，设置数字化扫描亮度、对比度、分辨率、色彩，以及格式。

3. 严把转化质量

转化过程中要严把质量关，具体来说，要确保数字化扫描后的档案信息与纸质档案信息一致，确保数字档案信息的完整性、真实性和准确性。重点要把好人员建库、信息采集、数据录入、数字化加工等环节质量关，并建立档案数据复核制度，确保人事档案数字化后存储的档案信息准确无误。

（三）转化后：做好数字化管理

人事档案数字化管理涉及已归档人事档案的数字化，以及新产生人事档案的数字化管理。前者需要遵循转化前、转化中的各项要求，做好传统人事档案的数字化管理；后者则注重源头新生成人事档案的数字化管理。重点是要做好人事履历表、登记表等纸质载体的电子版本存储，利用办公 OA 系统，实现办公自动化与档案存储系统无缝衔接，保证新增电子档案及时归档，借助电子签名技术保证其真实性、完整性。总之，无论是传统人事档案转化为数字化档案，还是新增数字化人事档案，都要严格信息管理，利用信息加密技术、区块链技术、身份认证技术、密码保护等，确保人事档案管理的安全性。

五、人事档案数字化要点

（一）明确信息加工标准

有些单位人员结构复杂，既有公务员编制，也有事业编制，还有临时聘用工勤人员，这些人事档案数字化加工的范围和标准缺少相应的规定和依据。为此，要立足用人单位自身实际，科学选择人事档案数字化加工范围，并制定统一的《人事档案数字化整理分类标准》，结合《干部人事档案工作条例》的具体规定，将人事档案资料进行科学分类，并详细制定机关单位《人事档案数字化著录质检标准》《数字化加工成品验收标准》，并根据单位人事档案利用频率，确定数字化重点材料，如聘用合同、退休材料、职务任免材料等。

（二）科学系统模块选择

人事档案数字化涉及系统模块、档案整理模块、档案加工模块等，每一模块承担的功能存在较大差异，应科学合理做好选择。其中，系统模块是整个单位人事档案管理系统的核心。在条件允许的情况下，应立足单位自身实际，邀请第三方专业机构协助进行开发、设计。按照系统层、管理层和应用层，科学配置不同层级的功能。具体来说，可将档案系统模块分为人事档案收集、管理、利用、数据信息管理、系统管理五大板块，对接人事档案管理的相应流程。整理模块则应涵盖档案著录、扫描，以及破损纸张托裱修复。加工模块则是确保扫描后的人事档案实体与电子文件，以及卷内目录与电子文件一一对应。

（三）强化信息安全保障

安全是人事档案数字化始终需要考虑的。为此，一要谨慎选择第三方。馆藏人事档案资料较多、自身无法完成档案数字化的单位，应委托第三方专业机构，且应是具有开展档案数字化资质及经验的专业机构。在进行数字化档案转化前，应签订保密协议；二要加强人员管理。从事人事档案管理工作的人员要始终绷紧安全保密这根弦，严禁使用手机、相机等设备拍摄人事档案，严禁未经允许查询、传输人事档案信息；三是完善规章制度。根据人事档案管理实际，制定人事档案借阅、归还、出入库等若干规定，确保档案利用环节人事档案信息安全；四是加大投入力度。根据数字信息技术的发展，以及人事档案数字化安全管理的实际需要，实时添加安全设备，升级安全软件，搭建防火墙等，安装档案库房监控设备，并将视频数据保存下来。

（四）及时录入新增材料

随着人事制度改革的深入，人员流动性更强，要及时做好新增档案、新增材料的数字化录入。尤其是人事档案，有其自身的特殊属性，存在着档随人走的现象，即人事档案会随着人员流动而流动，卷内资料也会随之发生变化。而新增材料则是由档案托管部门数字化加工而产生的，系统中尚不具备增补材料的功能，且增加人事档案的技术难度大、成本高。对此情况，可在系统开发之初，在传统的十大类人事档案的基础上，增设"新增材料"子系统，这样可在不改变原有人事档案存储模式的基础上，根据后期需要，在"新增材料"栏目中查询到所需的档案信息。

第二节　高校人事档案数字化建设与管理

一、高校人事档案数字化建设的必然性

(一)数字化是高校人事档案管理现代化的必然要求

数字化管理是伴随科技发展产生的,经过短短几十年的发展,数字化已成为政治、经济、文化各领域发展所不可缺少的利器。高校人事档案管理现代化的重要标志之一就是档案的数字化管理程度高。数字化档案管理形式的存在既是档案信息交流的基本要求,也是档案能够被高效利用的内在要求。

第一,数字化是高校人事档案数据信息交流的基本要求。科技的发展和技术的进步,加深了人们对信息的理解,强化了人们利用信息的能力。从手机到电脑,当代社会人们的交流与数字信息密切相关。每天都有大量信息涌入人们的视野。信息爆炸的背后,是当下信息数据库的强大信息存储和信息处理能力的支撑。数字化可以使信息得以便捷传送、有效利用、高效储存,促进信息在不同的主体之间交流。在这一基础上,高校人事档案信息在保障安全性的前提之下,在其拥有者及其相关单位之间进行交流共享,而数字化也为这一要求的实现提供了基本保障。

第二,数字化是高校人事档案高效利用的内在要求。自聘任制实行以来,高校人员流动比较频繁,档案流动速度也有所加快,如果只依靠传统档案传递无法有效、快速完成档案的转移。档案信息数据库的建立可以保证档案管理工作的系统化、高效化,避免档案管理过程之中档案管理人员各自为政的现象产生,也避免因档案的频繁调取和使用而产生的档案寿命降低的现象。数字化档案管理系统的建立,可以发挥其内在技术优势,达到对档案信息的快速检索和资源共享。同时,数字档案的高效利用内在地包含了数字信息的准确性与时效性,在保证调取档案的准确性的基础之上,能缩短调档所用的时间,确保所调取的档案能够得到及时的利用和更新。

(二)数字化是高校人事档案数字化服务实现的必然要求

数字化不仅是高校人事档案管理现代化的必然要求,也是高校人事档案管理者实现服务目标的必然要求。这一目标的实现有赖于数字化所带来的高校人事档案管理网络化建设

和高校数字化档案标准化的确立。

首先，网络化是实现高校人事档案数字化服务的必然要求。相较于传统物理空间上的档案管理方式，数字化的高校人事档案实现了档案的网络化。当然，高校人事档案管理系统的网络化是在一定的安全系统之上建立的，只有与此相关的人员才能够实现共享，进而确保档案的安全性。网络化的实现为高校人事档案管理的多元化提供了前提，也为数字化服务提供了必要的渠道。

其次，标准化亦是实现高校人事档案数字化服务的必然要求。服务意识的产生和服务目标的建立是高校人事档案发展的必然要求，而数字化为高校人事档案管理服务提供了基础。现代高校人事档案的检索速度大大缩短了传统档案查询的时间，但这种高效的模式是建立在高校人事档案信息数据库建立之初的标准化基础上的。数字化高校人事档案的组织必定遵循一定的标准格式，数据仓库技术、数据挖掘技术、数据推进技术、数据打包技术等，都需要以信息组织标准化为基础，才能充分发挥作用。这样资源信息才能够有序地存在，并保证信息的检索和提出能够准确无误。

（三）数字化是实现高校人事档案管理评价体系现代化的必然选择

人事档案管理水平的高低，是高校整体管理水平高低的重要体现。当下高校人事档案管理评价体系、模型和原则都建立在档案数据库的基础之上。档案数字化是对高校人事档案管理体系进行评价的必然选择路径。在高校人事档案管理现代化的背景之下，一方面数字化为其建立评价模型提供了多样化的选项；另一方面，数字化也为档案管理评价的量化奠定了基础。

对于前者来说，档案数字化拓宽了档案评价标准的路径，任何评价都是由评价主体对评价客体进行衡量的过程，通过数字化之后建立的评价模型，建立了一个三角关系，三者之间相互联系。同时，档案拥有者可以及时了解自身的档案状况，而管理者也可以通过评价反馈改善自身的服务质量。对于后者来讲，数字化与档案数据库建设密切相关，数据是可测量、可计算的，"具有统计分析意义和可操作性；来源于用户，是用户认为重要的，具有实用性；能够为管理部门所控制，对工作改进具有实际指导意义；考虑高校数字化档案系统间的比较，便于基准检验、横向比较和学习，体现前瞻性，立足现实，高于现实，面向未来"[①]。

现代社会的革新充分显示了高校人事档案管理数字化对高校人事档案管理乃至整个高

[①] 徐英，游婷，赖利旗.高校数字化档案管理系统评价体系研究 [J].办公室业务，2015 (01)：32.

校管理现代化的强大作用，在多方面彰显了高校人事档案管理数字化的重要性和必要性。而这一意义的凸显，也要求现实中高校人事档案管理数字化的实现具备一定的条件和机制。

二、高校人事档案数字化建设与管理的基本原则

（一）服务性原则

服务性原则是实施高校人事档案数字化建设与管理所应坚持的首要原则。服务性原则是指在高校人事档案数字化建设与管理过程中要以服务性为目标指向，充分发挥高校人事档案管理的数字化信息技术优势，并使其服务于高校人事档案管理，服务于人事组织部门决策，服务于高校人才资源的优化配置。在高校人事档案数字化建设与管理过程中，一切的制度规则设计和管理应用开发都应以此为指导原则和价值取向，紧紧突出数字化管理的服务功能。在高校人事档案数字化建设与管理过程中，高校人事档案管理部门和管理人员必须坚持服务性原则，具体应当做到以下三点：

1. 树立服务理念和服务意识

在大数据时代背景下，传统的管控思维已难以为继，高校人事档案管理部门应当转变管理观念和管理思维，积极适应大数据时代的要求，树立以人为本的服务情怀。

2. 积极注重数字化管理技术的应用

在高校人事档案数字化建设与管理过程中，由于数字化的程度依然相对偏低，数字化现代信息技术和现代工具的服务功能并未得到充分发挥，因此，在今后的高校人事档案数字化建设与管理过程中，应当加强人事档案管理过程中数字化现代信息技术和现代工具的应用研究，以充分发挥现代数字化技术和数字化工具的实际功效。

3. 积极理顺管理流程

在高校人事档案数字化建设与管理过程中，要积极理顺管理流程，以便更便捷地服务于高校人事档案管理，服务于人事组织部门决策，服务于高校人才资源的优化配置。

（二）规范性原则

规范性原则是实现高校人事档案数字化建设与管理长期有序发展的重要原则和关键所在。规范性原则是指在高校人事档案数字化建设与管理过程中，必须不断完善高校人事档案数字化建设与管理的相关规章制度，必须不断理顺高校人事档案数字化管理的管理流

程，实现高校人事档案数字化建设与管理过程的规范化和有序化，从而服务于高校人事档案管理，服务于人事组织部门决策，服务于高校人才资源的优化配置。在人事档案数字化管理过程中，一方面，坚持规范性原则是切实维护高校人事档案当事人合法权益的必然选择，规章制度以其非人格化的要求强加于高校人事档案的管理人员，有助于规范高校人事档案数字化建设与管理过程，理顺高校人事档案数字化建设与管理环节，从而更能维护高校人事档案当事人的合法权益；另一方面，坚持规范性原则切实保障高校人事档案管理事业的健康发展。在高校人事档案数字化建设与管理过程中以规范性为基本要求完善规章制度、理顺管理环节，有助于实现高校人事档案数字化建设与管理的规范化、现代化，从而增强高校人事档案数字化建设与管理的服务质量。

（三）保密性原则

保密性原则是实施高校人事档案数字化建设与管理时应当坚持的关键原则。保密性原则是在高校人事档案数字化建设与管理过程中，积极加强人事档案数据库的安全性建设，防范和化解人事档案数字化管理中的数据信息泄露，切实维护高校人事档案当事人的合法权益，切实维护社会主义教育事业的持续发展。在高校人事档案数字化建设与管理过程中深入贯彻保密性原则，一方面是落实高校人事档案数字化建设与管理服务性原则的基本要求，另一方面是破解高校人事档案数字化建设与管理难题的重要举措。实施人事档案数字化管理过程中面临的最突出的问题即数据的安全性问题，积极贯彻落实保密性原则才能在高校人事档案数字化建设与管理过程中不断加强人事档案数据库的安全性建设，不断提高高校人事档案管理人员的安全意识。

（四）灵活性原则

灵活性原则是实施高校人事档案数字化建设与管理中应当坚持的根本原则。灵活性原则是指在高校人事档案数字化建设与管理过程中，要立足实际情况，灵活开展运用，既要积极借鉴国内外高校人事档案数字化建设与管理的成功经验，又要立足高校自身的实际情况，积极进行人事档案数字化管理实践探索；既要有高校人事档案数字化建设与管理的原则规定和规章制度，又要在实际的高校人事档案管理过程中不断地调试和优化。在高校人事档案数字化建设与管理过程中，一切管理实践探索和管理手段、管理技术、管理制度的开发和运用都应秉持灵活性原则，紧紧围绕立足实际、着眼长远、灵活运用、不断优化的基本要求展开。

（五）发展性原则

发展性原则是完善和优化高校人事档案数字化建设与管理的必然要求。发展性原则，又称动态性原则，是指在高校人事档案数字化建设与管理过程中，必须树立发展的观点，以动态的思维不断进行高校人事档案数字化建设与管理创新和制度完善，以便更好地服务于高校人事档案管理，服务于人事组织部门决策，服务于高校人才资源的优化配置。在高校人事档案数字化建设与管理过程中，人事档案的管理部门必须坚持发展性原则，致力于高校人事档案的管理创新与实践探索，这既是高校人事档案管理事业持续发展的必然选择，又是更好地服务于高校人事档案当事人的必然要求。

三、高校人事档案数字化管理的基本策略与路径

（一）以服务为取向重塑档案管理理念

1. 以科学发展观为指导

在高校人事档案数字化管理过程中，以科学发展观为指导重塑高校人事档案数字化管理的管理理念，突出人事档案的服务功能。科学发展观是统揽经济社会发展的重要指导原则和科学的理论指南，科学发展观强调要坚持以人为本，树立全面、协调、可持续的发展观。毫无疑问，高校人事档案数字化管理同样也要坚持科学发展观的理论指导。具体应做到以下两个方面：

一方面，在高校人事档案数字化管理过程中，应当以科学发展观为指导，树立以人为本的价值关怀。科学发展观理论的核心要义是以人为本，在高校人事档案数字化管理过程中，以人为本的服务情怀是高校人事档案管理的价值重构，它要求摒弃传统的以管控为主导的高校人事档案管理理念和管理实践，充分发挥人事档案的服务功能。为此，高校人事档案数字化管理实践要以科学发展观为理论指导，积极重塑以人为本的价值关怀，充分重视保护高校人事档案当事人的合法权益，充分重视突出高校人事档案在高校人事组织决策中的服务功能。脱离了以人为本的价值关怀，高校人事档案数字化管理中现代管理技术的运用也难以超越效率至上的工具理性，更难以充分发挥现代信息技术服务高校人事档案管理事业发展、服务高校人事档案当事人的基本功能。

另一方面，在高校人事档案数字化管理过程中，应当以科学发展观为指导，积极重塑发展理念。科学发展观的第一要义是树立全面、协调、可持续的发展观，毫无疑问，这是一场发展观念和发展模式的深刻变革，对于高校人事档案数字化管理事业的发展同样具有

指导意义。在科学发展观的指导下，高校人事档案管理部门应当树立全面、协调、可持续的观念，重新认识数字化管理的重要变革及现实局限性，重新审视传统纸质化管理的现代价值及现实不足，积极谋求数字化管理和文本化管理的有效契合。与此同时，积极摒弃传统的、片面的、静止的、单一的管理思维和管理理念，实现管理理念的更新与完善。在管控这一总体理念的指导下，高校人事档案管理实践过程中又衍生出很多管理思维上的问题，主要表现为片面的、静止的、单一的管理理念和管理思维，并给高校人事档案管理实践的健康发展带来巨大威胁。为此，在高校人事档案数字化管理过程中，必须紧紧以问题为导向直指传统管理理念中较为突出的、片面的、静止的、单一的管理理念和管理思维，以顺应市场经济发展要求和聘任制改革趋势的契机，树立动态化思维来转变静止的管理理念，在高校人事档案数据库建设中所有人一视同仁、平等对待来扭转片面性的管理思维，充分发挥现代信息技术的便捷条件，打破传统的、单一的管理理念和思维模式。

2. 顺应大数据时代的发展需要

高校人事档案数字化管理应当顺应大数据时代的发展需要，树立动态化、全面化、多元化的管理理念，以便增强高校人事档案数字化管理的服务功能。

在大数据时代背景下，高校人事档案数字化管理迎来了重要的发展机遇，又面临着严峻的现实挑战，其中管理理念的滞后便是最为突出的问题之一。大数据时代的来临给管理理念带来的最为直接的影响是从"管控"向"服务"的价值取向转型，当然这种转型并非一蹴而就的，而是一种缓慢发生的渐进过程。为此，顺应大数据时代的发展需要，积极更新高校人事档案数字化管理的发展理念，努力增强高校人事档案数字化管理的服务功能，更是高校人事档案数字化管理健康可持续发展的当务之急。

一方面，高校人事档案数字化管理应当积极借鉴大数据时代背景下动态化的管理思维。毫无疑问，这对高校人事档案数据库建设具有重要的指导和借鉴意义，可以说，高校人事档案数据库建设只有起点没有终点，应当根据高校人事档案数字化管理的发展需要不断进行发展完善。为此，在高校人事档案数据库建设中，高校人事档案管理人员应当树立动态化的管理思维，注重和强调高校人事档案数据库的实时更新和发展完善，而非被动地等到人事职务变迁才进行相关的档案建设跟进。与此同时，高校人事档案管理人员还应当定期或不定期地收集高校工作人员的工作业绩、实践活动与政治思想等方面的资料，时刻以数据库的动态发展为需求不断完善高校人事档案的数据库建设，以便更好地服务于高校人事档案数字化管理实践以及高校人事档案管理事业的健康发展。

另一方面，高校人事档案数字化管理应当积极引入大数据时代背景下全面化的管理思维，努力增强高校人事档案数字化管理的服务能力。在高校人事档案数字化管理过程中，树立全面化的管理思维就要正确处理好以下几对关系：其一，正确处理高校人事档案数据库的完整性与安全性的关系。高校人事档案数据库的完整性与安全性是数据库建设的一体两面，在高校人事档案数据库建设中树立全面化的管理思维：就不能顾此失彼、厚此薄彼，而应该统筹兼顾、协调发展。在高校人事档案数字化管理实践中建设高校人事档案数据库，既要一视同仁地对待高校干部人事档案与普通高校教职人员的人事档案，力求均衡发展、同等对待；与此同时，又要着力加强高校人事档案数据库的安全性建设，并以安全性为支撑维系高校人事档案数据库的完整性。其二，要正确看待数字化管理与文本化管理的优势与局限，努力谋求两者的良性配合、协调发展。在高校人事档案数字化管理过程中，并非要一味地追求数字技术革新的技术至上，而应当实现数字化管理与文本化管理的良性配合、协调发展。这就要求高校人事档案管理部门的相关人员应充分认识数字化管理技术的功能与作用、文本化管理的局限与价值，在此基础上积极发挥两者各自的优势，努力规避两者各自的局限，实现两者的良性互动与和谐发展。

此外，高校人事档案数字化管理过程中，还应当努力借鉴大数据时代背景下多元化的管理思维，努力改善高校人事档案数字化管理的服务效果。在大数据时代，数据信息的类别不再局限于传统"小数据"时代结构化的文本统计，而是增添了种类繁多的非结构化数据信息，大量的视频、音频、图片等数据资料被广泛收集和统计出来，这给高校人事档案数字化管理理念更新带来的启示是应当树立多元化的管理思维。既要重视传统文本化的管理方式，又要积极发展数字化管理的突出优势；既要重视数据库自身的安全性建设，又要突出数据库管理人员的保密意识；既要重视传统管理方式的积极作用，又要积极借鉴数字化管理技术的便利条件。多元化的管理思维带来了高校人事档案数字化管理思维的重要突破，管理者在多元化理念的指导下更容易具有包容性的心态，积极地迎接大数据时代来临带来的发展机遇，努力寻求和不断开拓高校人事档案数字化管理的新境界。

（二）以高效为目标加强管理团队建设

1. 加强管理人员的专业化、专职化建设，着力构建专业化程度比较高的高校人事档案数字化管理人才队伍

高校人事档案数字化管理人才队伍建设的首要任务是加强管理团队的专业化、专职化建设，提高管理人员的专业化程度。为此，需要从以下三方面入手：

第一，加强领导对高校人事档案数字化管理人员专业化的重视程度，这是高校人事档案数字化管理团队专业化、专职化建设的重要保障。事实上，高校人事档案管理人员常常

由以下两种人员组成，"一是学校难以安排的人员，二是按各种政策需要学校照顾的人员"[1]。高校人事档案数字化管理专业化、专职化人才队伍建设首先要扭转高校领导和人事档案管理部门的思想意识问题，不能仍然将高校人事档案数字化管理看作安排高校闲散人员的场所。实际上，高校人事档案数字化管理对管理人员的专业技能要求特别高。

第二，严格高校人事档案数字化管理人才招聘选拔的程序设计和素质条件，这是高校人事档案数字化管理团队专业化、专职化建设的关键所在。高校人事档案数字化管理团队专业化、专职化建设的关键仍然是要通过严把入口，加强相关管理人员素质技能的专业化程度要求，其中就目前而言最需要的是增加相关专业技术人才的招聘。

第三，不断增强高校人事档案数字化管理人员的专业技能培训，是高校人事档案数字化管理团队专业化、专职化建设的重点所在。对于现在从事高校人事档案数字化管理的管理人员而言，专业技能培训无疑是提高专业技能的重要手段。高校人事档案管理部门应当加大专项经费投入，定期对相关的管理人员进行专业技能培训，并对培训学习效果进行量化考核，将考核结果纳入员工考核体系并使之制度化。

2. 加强管理人员的综合技能培训，大力培育以复合型人才为主的高校人事档案数字化管理人才队伍

在大数据时代背景下开展高校人事档案数字化管理，对管理人才的要求越来越高，对复合型人才的需求越来越强烈，而目前以专业背景招募的高校人事档案数字化管理人才仍然只是能够完成某些专项任务的专门人才，为此必须采取措施提高管理人员的综合技能。

一方面，要加强高校人事档案数字化管理人员的综合技能培训，不断丰富和完善高校人事档案管理人员的知识结构和理论储备。在大数据时代背景下，相关人事档案管理的从业人员"不仅需要具备图书、情报、档案学的专业知识，还须具备广博的知识、现代信息技术应用能力、信息加工处理能力、计算机网络及日常使用及管理维护等方面的知识"[2]。高校人事档案管理部门要把综合技能培训常态化、制度化，并且在实践中不断丰富和发展综合技能培训的形式。

另一方面，加强管理人员外出交流学习实践的机会，积极借鉴高校人事档案数字化管理效果显著的团队建设经验。在一些国家财力支持雄厚、政策推动先行的重点院校中，高校人事档案数字化管理取得了较为突出的成效，普通高校可以积极走访交流学习这些高校在数字化管理实践中的一些团队建设做法，并立足实际加大人才吸引的力度，不断培训和

---

① 俞平. 试论高校人事档案的数字化 [J]. 科技信息, 2013 (23): 254.
② 张梅秀, 仲英涛, 魏娟. 高校人事档案数字化建设探析 [J]. 科教文汇 (上旬刊), 2010 (05): 184+190.

招募知识基础宽厚的复合型人才。总之，在高校人事档案数字化管理过程中，要注意采取形式多样的交流、培训等手段，不断培育和发展高校人事档案数字化管理人员的综合技能，积极形成以复合型人才为主的高校人事档案数字化管理人才队伍，以便更好地服务于高校人事档案数字化管理实践发展的需要。

3. 加强管理人员的梯队建设，形成梯队合理分布、人员搭配良好的高校人事档案数字化管理团队

高校人事档案数字化管理不仅要注意满足现阶段的人事档案管理需要，更要注意关注高校人事档案管理事业的长期可持续发展。毫无疑问，梯队合理分布、人员搭配良好的数字化管理团队既是满足高校现实发展需要的重要条件，又是高校人事档案管理事业持续发展的重要人才资源保障。着力加强管理团队的梯队建设，合理搭配管理团队的管理人员，既是加强管理团队建设的重要任务，也是破解当前高校人事档案数字化管理人才发展困境的现实要求。在大数据时代背景下加强高校人事档案数字化管理人才的梯队建设需要注意以下两个方面：

第一，要注意综合考虑高校人事档案数字化管理人员的年龄结构、性别比例、知识层次、兴趣爱好、能力特长，并对其进行合理安排和精心搭配。这既是高校人事档案数字化管理梯队建设必须注意的方向，更是加强高校人事档案数字化管理在人才梯队建设上的基本措施。高校人事档案数字化管理实践过程中，要立足实际情况和现有人才队伍的基础条件，合理地搭配和组合团队的年龄结构、性别比例、知识层次、兴趣爱好、能力特长，形成梯队合理分布的高校人事档案数字化管理人才队伍。

第二，要妥善处理梯队建设与现实人才素质要求的关系。现实的人才素质要求是满足高校人事档案数字化管理现实需要的重要人力资源条件，也是开展高校人事档案数字化管理梯队建设的前提和基础；而高校人事档案数字化管理梯队建设是在满足高校人事档案数字化管理现实人才素质要求的基础上，对现实人力资源的合理配置与优化组合，以期充分保障高校人事档案数字化管理人才队伍的可持续发展。

（三）以安全为导向建设档案数据库

1. 完善高校人事档案数据库的功能开发，防范和降低高校人事档案数据库自身的风险问题

对高校人事档案数字化管理，数据库建设还存在着某些功能缺陷，这些问题的存在不仅是高校人事档案数字化管理过程中的重要风险，更是防范和化解风险的重要突破口。为

此，高校人事档案数字化管理过程中，人事档案数据库的技术人员需要加强数据库的功能开发和完善，从源头上减少数据库风险的发生。例如，不断完善数据库的安全认证系统，所有查阅高校人事档案数据库的人员均需要通过相关的认证信息，对于涉及人事档案当事人隐私权的私密信息则需要更高一级的授权或许可。建立安全等级和授权体系，有助于在一定程度上防范和降低数据库的信息泄露风险，保障和维护人事档案当事人的隐私权益，增强高校人事档案数据库的安全性。

除此之外，还需要开发和制作安全性能较高的数据库系统软件，统一或基本统一数据库的存储格式，以服务于数据库分析和处理功能的发挥。高校人事档案数据库的存储格式千差万别，导致人事档案数据库的综合分析能力较弱，许多数据库的功能未能得到充分的发挥，同时也给数据库的安全维护带来了一定的困难。当然，除了完善高校人事档案数据库的功能开发，积极购买安全性能高的软件系统，也是防范和降低数据库自身风险的重要措施。

2. 规范人事档案管理人员的管理行为，防范和降低人事档案数据库的人为操作风险

高校人事档案数据库的安全性建设，不仅涉及数据库自身的安全性，更与人事档案数据库的管理人员息息相关，人事档案数据库的人为操作风险也是数据库安全性建设面临的重要挑战。在高校人事档案数字化管理过程中，人为操作风险主要是指在实践过程中管理人员由于操作不当而导致的信息损毁或信息缺失的现象，防范和化解人为操作风险便要从规范人事档案管理人员管理行为，提高人事档案管理人员的安全意识入手。

一方面，完善人事档案数据库管理的规章制度、管理细则，不断规范管理人员的管理行为，强化管理人员的安全意识，是防范和化解人事档案数据库风险问题的关键所在。高校人事档案数字化管理在实践过程中应当重视制度约束的重要功能和作用，逐步完善和细化人事档案数据库的管理规定，使人事档案数据库的管理人员行为选择有据可凭，减少和降低人事档案数据库管理中的随意性问题。

另一方面，加强人事档案数据库管理人员的安全意识培训和管理技能训练，是防范和化解人事档案数据库风险问题的重要举措。在高校人事档案数字化管理过程中，人事档案数据库管理人员的安全意识和管理技能直接关乎人事档案数据库的安全性，管理技能培训在提高管理人员管理技能的同时，也强化了管理人员的安全意识，因而无疑是增强人事档案数据库安全性的重要手段。

3. 不断更新与完善人事档案数据库的硬件设备与软件系统，保障人事档案数据库存储与应用的安全性

在高校人事档案数字化管理过程中，人事档案数据库的安全性还有赖于硬件设备和软件系统的安全运行，这是人事档案数据库安全性的重要载体和支撑。人事档案数据库的硬件设备，诸如计算机、扫描仪、摄像机、照相机、移动硬盘、U盘、光盘等，均是人事档案数据信息转换、存储、分析、利用的重要载体；人事档案数据库的软件系统，如数据库的管理信息系统，是人事档案数据库运行的重要平台。在高校人事档案数字化管理过程中，人事档案的管理部门需要加大专项资金投入力度，不断更新和完善人事档案数据库的硬件设备和软件系统，从数据库的数据扫描、数据分析、数据运用、系统维护等各个环节都最大限度地降低数据库的安全风险，努力提升高校人事档案数据库的安全性能。除此之外，还要加强人事档案数据库的软件系统研发，提供种类丰富的高校人事档案数据库管理服务系统，以增加人事档案数据库信息系统的选择范围，最大限度地实现硬件设备与软件系统的良性配套，这也是降低高校人事档案数据库风险，提高高校人事档案数据库安全性的重要手段。

总之，在高校人事档案数据库建设过程中，管理部门应当重视人事档案数据库的硬件设备更新和软件系统完善，通过提供相对安全的信息存储载体和存储平台，最大限度地降低人事档案数据库风险的发生，最大限度地维护人事档案数据库的安全运行。

4. 不断优化与提升人事档案数据库的管理技术和管理手段，最大限度地降低人事档案数据库的管理风险

人事档案数据库的管理技术不仅关乎人事档案数据库的内容建设，更是关系到人事档案数据库的安全性建设。为此，在高校人事档案数字化管理的实践过程中完善高校人事档案数据库的安全性建设，还需要不断优化和提升人事档案数据库的管理技术手段，以先进的管理技术手段来降低人事档案数据库的管理风险。为此，需要注意以下两点：

一方面，高校人事档案管理部门应当重视人事档案数据库的管理技术研发和运用。高校人事档案数字化管理在实践过程中，应当加大对管理技术研发和应用的扶持力度，提供专项研发资金，搭建专门技术人才队伍，以提供最为便捷的条件支持管理技术的研发和应用。先进的管理技术手段，例如，数字认证技术、数字加密技术，不仅为高校人事档案数字化管理提供便捷，而且为人事档案数据库的安全性建设提供保障。

另一方面，在高校人事档案数字化管理过程中，管理部门还应当充分发挥各种管理技术的优势和集体合力。任何一种管理技术都有其适用领域、优势和局限，高校人事档案数

据库的管理人员，应当看到这些管理技术的优势与不足，充分发挥管理手段的优势，努力规避管理手段的不足，同时积极发挥多种管理手段、管理技术的集体合力，努力提高高校人事档案数据库的安全性。

（四）以规范为方向理顺档案管理制度

1. 以服务为核心价值取向重塑制度设计理念，加强高校人事档案管理的总体性制度设计

现代人事档案管理制度是指导高校人事档案数字化管理实践的总体制度，具有统摄性的意义和价值。在高校人事档案管理过程中，作为总体指导的制度规范是中组部印发的《干部档案工作条例》以及国家颁布的《中华人民共和国档案法》，这些指导原则的总体性设计理念仍然以管控为主导，服务性功能未能得到充分发挥，特别是对高校人事档案数字化管理的总体制度设计相对欠缺，难以满足高校人事档案数字化管理的总体性制度要求。在大数据时代背景下，高校人事档案管理数字化的发展趋势日趋明显，实施高校人事档案数字化管理实践势在必行，然而高校人事档案数字化管理的总体制度规范依旧十分欠缺，制度理念更是强调管控而非服务，以计划经济为支撑、以管控为主导的高校人事档案管理制度越来越难以满足高校人事档案管理发展的实际需要，要着力建构与市场经济相契合、以服务为导向的高校人事档案管理新制度。

为此，在今后的高校人事档案数字化管理实践中，要加强总体性的顶层制度设计，重塑以服务为主导的制度设计理念。通过改革和创新，使人事档案管理制度的功能由过去凌驾于个人之上，对个人实行简单的控制逐步转化成为相对人的发展与流动提供相应的信息、信用证明和服务。人事档案管理制度只有削弱控制功能而强化服务功能，才能真正实现对人的宏观管理，从而全面提升人事档案管理工作的层次。可见，高校人事档案数字化管理在实践过程中，必须积极实现从管控向服务的价值转型和观念重塑，在总体制度框架设计时更加注重服务高校人事档案管理事业的发展需要，充分满足高校人力资源优化配置的多样需求，努力提高高校人事档案管理发展的新境界和新水平。

2. 以规范有序为指导加强高校人事档案数字化管理的日常管理制度建设，使人事档案数字化管理实践有据可依、有章可循

在高校人事档案数字化管理实践中，除了精心设计高校人事档案的总体性管理制度，还要设计人事档案的日常管理制度，这是指导高校人事档案数字化管理实践的具体管理制度。高校人事档案管理的日常管理制度，可以有效地规范和约束高校人事档案管理人员的

日常行为，进而促进高校人事档案日常管理的规范化、程序化、科学化。完善人事档案数字化管理的日常管理制度，不断提高人事档案数字化管理的制度化、规范化、科学化水平，是高校人事档案数字化管理制度建设的关键所在。在具体的制度设计中，应该逐步完善高校人事档案数字化管理的档案归档、档案甄别、档案转换、档案保管、档案分析、档案利用等环节的分类管理制度，严格把关高校人事档案数字化管理实践中的各个环节和流程，努力实现高校人事档案数字化管理的规范化、程序化、科学化，使高校人事档案数字化管理实践在制度规定的约束内有序运转和良性发展。

在大数据时代背景下，高校人事档案管理数字化制度创新实践应当特别重视日常管理制度的实践探索，努力适应大数据时代背景下高校人事档案管理数字化、信息化与规范化的发展趋势，不断完善与创新高校人事档案的日常管理制度和相关规定。这是大数据时代背景下高校人事档案管理制度建构与制度创新的基本任务，也是高校人事档案数字化管理实践过程中制度创新的重要方向，更是服务高校人事档案管理事业发展的必然要求。

3. 不断完善高校人事档案数字化管理相关的制度文化和配套制度，为高校人事档案数字化管理制度的顺利实施提供良好的外部环境支持

新制度主义学派认为，制度的良性运作是需要现实条件支撑的，其中最重要的是制度文化的维系和配套制度的辅助。在高校人事档案数字化管理过程中，以管控为主导的制度文化的严重束缚以及辅助高校人事档案日常管理制度的配套制度建设滞后，是高校人事档案数字化管理制度建设中的突出问题。为此，在高校人事档案管理过程中，要积极建构以服务为主导的制度文化，努力强化高校人事档案数字化管理人员的服务意识，努力开发高校人事档案数据库和数字化管理技术的服务功能，为高校人事档案数字化管理制度的有效实施提供良好的外部文化支撑。

另外，在高校人事档案数字化管理实践中，还要完善高校人事档案数字化管理制度的配套制度，具体而言主要体现为积极建构高校人事档案数字化管理实践中管理人员的绩效考核制度，这是人事档案数字化管理制度顺利实施的外部条件。高校人事档案管理的绩效考核制度设计过于粗放，给高校人事档案数字化管理实践带来很大挑战，数字化管理实践中管理随意性问题较为突出，为此，应当强化高校人事档案管理人员的绩效考核制度设计，明确和细化高校人事档案数字化管理实践中的管理责任和相关的任务考核指标，以便通过制度约束和量化考核的方式规范高校人事档案数字化管理人员的管理行为，进而保证高校人事档案数字化管理制度的有序实施和良性运转，从而更好地服务于高校人事档案管理事业的发展需要，充分满足高校人力资源优化配置的多样需求。

（五）以完备为标准增强基础设施建设

1. 不断完善高校人事档案数字化管理的硬件设备、办公场所等硬件设施，为实施高校人事档案数字化管理创造良好的基础条件

高校人事档案数字化管理在运行过程中，硬件设施诸如办公场所、计算机设备、移动硬盘、U盘、摄像机、扫描仪、照相机等，是实现人事档案数字化管理必不可少的基础设施和办公条件。然而，在各地的高校人事档案管理过程中，仍有不少高校十分欠缺这些基础设施。例如，有的学校人事档案室办公条件未能实现阅览室、办公室与人事档案库房相互分离的标准。不少高校数字化管理的硬件设备也十分欠缺。为此，需要采取措施完善高校人事档案数字化管理的硬件设施。

一方面，加强领导对基础设施建设的重要性的认知，加大基础设施投入的经费支持力度，提供专项资金予以财力保障。基础设施的硬件设备和办公场所的添置，都是以雄厚的财力支持为依托的。为此，高校人事档案数字化管理在运行过程中，应当加强领导的重视程度和专项经费的投入力度，不断添置数字化管理所必需的硬件设备，不断改善数字化管理的办公场所和办公条件，为高校人事档案数字化管理的顺利实施创造良好的外部条件。

另一方面，高校人事档案数字化管理在运行过程中，还需要相关管理人员对数字化管理的硬件设施进行及时维护和管理。硬件设施的建设不只是添置设施的问题，更是硬件设施维护和管理的过程，离开硬件设施的维护和管理谈硬件设施的建设是不完整的。在高校人事档案数字化管理过程中，管理部门应当安排专职人员对硬件设备和办公场所进行设备维护和日常管理，最大限度地延长高校人事档案数字化管理设施的使用寿命和生命周期，避免高校人事档案数字化管理设备和设施的无端浪费，实现高校人事档案硬件设备和办公场所利用效率的最大化，以便更好地服务于高校人事档案数字化管理实践的发展需要，服务于高校人事档案管理事业的长远需求。

2. 不断完善高校人事档案数字化管理的软件系统，以便更好地满足高校人事档案数字化管理的现实需求

在高校人事档案数字化管理过程中，除了硬件设备的建设，软件系统也是十分重要的。软件系统在人事档案管理过程中不仅是人事档案数据库运行的重要技术支持，更是数字化管理得以实现的关键所在。然而，就目前而言，高校人事档案数字化管理依旧十分欠缺软件管理系统，而已有的软件管理系统又存在着较为突出的安全问题，不仅给高校人事

档案数字化管理的数据库建设带来严重挑战，更使高校人事档案数字化管理实践陷入现实的困境。为此，必须采取措施不断完善高校人事档案数字化管理的软件系统。具体而言，应当从以下两方面入手：

一方面，要加大经费支持力度，配备相关的技术研发人员，积极推动高校人事档案数字化管理的软件系统研发和功能完善。软件系统的完善主要依靠技术人员的研发，然而，这又需要专项经费支持和专门人才的配备。为此，在高校人事档案数字化管理过程中，人事档案管理部门应当统揽全局，积极争取上级部门的人力、物力、财力支持，积极调配专门的管理技术团队，加大技术研发的财力支持和激励措施。与此同时，积极借鉴高校人事档案数字化管理过程中的先进信息技术，不断完善和拓展人事档案管理系统的功能。

另一方面，积极提高高校人事档案数字化管理过程中软件系统的实践应用程度，为高校人事档案数字化管理实践的顺利开展奠定坚实的基础。高校人事档案数字化管理在运行过程中，不仅应当注重软件系统的研发和功能完善，更重要的是将理论成果转化为实践应用的科技成果，不断提高人事档案管理软件系统的应用效果，从而不断服务于高校人事档案数字化管理过程中的数据库建设和日常的管理实践。

3. 不断优化高校人事档案数字化管理的网络设施，以便更好地服务于高校人事档案数字化管理实践的发展需要

在高校人事档案数字化管理过程中，除了硬件设施、软件系统外，人事档案数字化管理的网络设施也是十分关键的。在高校人事档案数字化管理的运行过程中，网络设施和网络设备既是高校人事档案数据库安全性建设的重要条件，也是高校人事档案数字化管理的重要保障和现实条件。然而，在目前的高校人事档案数字化管理过程中，受制于经费投入的有限性，互联网网络与局域网建设仍然相对滞后，难以满足人事档案数字化管理的需要。为此，必须顺应大数据时代对数字化处理速度的要求，积极采取措施努力提高高校人事档案数字化管理的网络设施和网络服务质量，以更好地满足高校人事档案数字化管理实践的需要。

一方面，加大经费支持力度，不断添置高校人事档案数字化管理的网络设备，改善网络设施的硬件条件。具体而言，主要是指拿出专项经费，购买网络路由器、转换器、网线等基础设备，为优化高校人事档案数字化管理的服务网络奠定基础。

另一方面，要顺应大数据时代对网络数据处理速度和传输速度的要求，购买服务性能更稳定、网络速度更高的网络带宽，完善人事档案数字化管理的局域网，为完善高校人事档案数字化管理的网络服务设施创造条件。

总之，高校人事档案数字化管理在运行过程中，应当通过不断完善网络服务设施，提供性能更为优越的网络服务设施，来满足高校人事档案数字化管理过程中对网络传输速度、网络分析速度的需要，以便更好地服务于高校人事档案数字化管理事业的发展需求，更好地服务于高校人事档案当事人的多样化需求。

第三节　企业人事档案数字化建设与管理

一、企业人事档案数字化管理的优势

（一）能够提高人事档案管理工作效率

随着企业规模的不断扩大，员工数量随之增加，员工岗位变动、参与培训和进修、任务完成度、受奖惩情况等信息都要在人事档案上及时体现出来，人事档案管理工作的复杂性不言而喻。依靠人工管理容易出现信息错漏和信息窜改的情况，工作效率较低，对人力资源调度和利用将产生不良影响，企业可能会在市场竞争中失去先机。采用数字化管理模式开展人事档案管理工作，抓住时代优势，利用信息化技术手段，打造性能卓越、运行稳定的人事档案数字化管理系统，自动获取人力资源信息，实施统计、分析、存储等一系列操作，共享给其他部门，能显著提高人力资源信息管理效率，便于各部门查找和利用人力资源信息，推动人事档案管理工作朝着更高层次迈进。

（二）能够提供有价值的人力资源信息

现阶段，决定企业市场竞争力的关键因素就是人力资源，加强人才队伍建设，将员工分配在合适的岗位上，采用培训教育方式提高员工的综合素质及岗位胜任力，是企业长远健康发展的动力源泉。企业应加强人事档案数字化管理，实时动态地收集人力资源信息，构建各个岗位需求的人才模型，作为员工招聘、培训和调岗的标准依据。如果通过对应聘者信息的分析，获悉其素质、知识、能力水平，与应聘岗位的人才模型相比较，吸收优秀人才加入员工队伍；通过对企业员工档案信息进行深入分析，挖掘员工的优点和不足，合理安排岗位，盘活闲置的人力资源，实现人尽其才的最佳人力资源管理成效，那么企业将拥有一支战无不胜的队伍，距离战略发展目标的达成更进一步。

（三）能够提高人事档案信息真实性和安全性

在以往的工作中，为了一己之私窜改人事档案信息的行为屡见不鲜，企业员工故意谎报年龄和文化程度，编造光鲜的履历，妄图获取更高的职位和更好的待遇，受到当时技术水平的制约很难及时发现，给企业造成了不小损失。数字化管理模式的应用明确规定了人事档案信息管理权限，非人事档案管理部门的专业人员无权修改信息，开放式的互联网环境能够自动辨别当事人所提供信息的真伪，将错误不实的信息清晰标注出来，有效保障了人事档案信息的真实性。同时，在计算机上使用专用软件管理人事档案信息，用多种形式呈现信息，便于快速查找和使用，人事档案信息利用率相对更高，能真正满足新时期企业人事档案管理信息化、智慧化、规范化的发展需求。

二、企业人事档案数字化管理工作中面临的难题

（一）人事档案数字化建设投入力度不足，管理系统功能不全

建设人事档案数字化管理系统刻不容缓，而企业投入力度一定程度上决定了系统硬件配置和软件功能。有些企业只看重短期利益，认为人事档案数字化管理系统的自主研发成本较高，莫不如将资金投入经济回报可观的领域，为其划拨的资金有限。人事档案数字化管理系统的硬件设施型号落后，性能不佳，甚至直接照搬市面上的软件，忽视了企业经营管理的独特性，因而出现了软硬件不匹配的情况，人力资源信息不能被成功读取，与其他系统的接口不同，信息传输受阻，人事档案管理工作的实效性大打折扣。有相当一部分企业人力资源信息的收集依赖于员工主动上报，人事档案管理人员却没有严格审核信息。一旦虚假信息流入人事档案数字化管理系统，会给人力资源管理带来不利影响。

（二）档案管理人才匮乏

无论任何时期，档案管理人才都是人事档案管理工作的重要支柱，他们的职业能力和道德素质会直观影响人事档案管理工作的效果。在现代企业中，人事档案管理工作通常没有受到足够重视，安排非专业人员管理人事档案的现象并不罕见，档案管理人员的工作职责局限于收集、传输、保管人力资源信息，难以为人力资源管理决策的制定提供有益参考。这说明企业没有认识到人事档案管理与人力资源开发利用的密切联系，很少组织档案管理人员的培训教育活动，给档案管理人员提供的薪酬较低，对高质量人才缺乏吸引力，档案管理人员也缺乏自我提升意识。在双重因素的共同作用下，档案管理工作队伍整体素

质偏低，人事档案数字化管理难以实现，人力资源利用率有待提高。

（三）人事档案信息存在较高的安全风险

网络信息安全问题已然成为威胁企业人事档案信息安全的罪魁祸首，人事档案信息的收集、流转、保管大多要在网络环境下进行，人事档案数字化管理系统容易遭受木马病毒的入侵，严重威胁人事档案信息的安全性。虽然大部分企业都安装了杀毒软件，可是不断有新病毒生成，未必能够全部被杀毒软件识别出来，任何一个木马病毒成功入侵计算机系统，都会大肆窃取和窜改人事档案信息，危害企业的运行安全和根本利益。对企业而言，一般并不具备较高的网络信息风险防御能力，始终处于受威胁状态。除此之外，不法分子还会盗取人事档案信息贩卖给企业的竞争对手，致使企业中优秀人才大量流失。

（四）人事档案信息利用率较低

新时代下，集团企业、跨国企业如雨后春笋般林立，劳务派遣人员信息采集比较困难，在企业人事档案数字化管理系统中无法查询到相关人员的数据，给人力资源管理带来了不便。而且企业人事档案信息的更新不及时，有些新入职、刚刚离职、职位发生变动的员工信息需要过一段时间后查询才能与实际情况相符，容易被有心人钻空子，侵害企业利益。另外，企业对人事档案信息的利用意识有待加强，没有纳入档案管理人员的绩效考核标准。档案管理人员按照陈旧理念管理人事档案信息，无法为相关部门提供专业化的信息服务，会导致人力资源利用处于较低层次，企业在行业市场上难以与竞争对手相抗衡。

三、企业人事档案数字化建设与管理的优化措施

（一）加大投入力度，完善人事档案数字化管理系统功能

现代企业普遍面临内忧外患的局面，市场信息和企业信息汇聚起来形成了庞大体量，倘若管理思维不能及时更新，势必面临更大的风险。现代人力资源视角下，加强人事档案数字化管理系统建设，是企业摆脱困境的有效途径，需要结合企业人事档案数字化管理需求对系统平台进行科学设计，引入最新科技产品，赋予系统多种实用功能，加速推进人事档案管理工作的数字化、集中化转型。或者选择资质较好的软件开发机构，讲述企业对人事档案数字化管理系统功能的基本要求，双方保持沟通，全权委托专业机构实施系统研发和维护，以便出现问题的第一时间交给专业技术人员处理，提高系统运行安全系数，减少企业成本投入。购置质量性能可靠、寿命较长的硬件设备，提高软件系统和硬件设备的匹

配度，确保系统运行稳定、安全、流畅。系统建成之后，要对企业人事档案信息进行数字化处理，可以按照轻重缓急原则，先转换那些重要的、急于使用的信息，利用扫描技术迅速将人事档案信息传输至系统，保存在数据库中，降低纸质载体与信息载体转换的失误率，满足企业管理所需。

（二）加强人事档案管理人才队伍建设

专业档案管理人才数量越多，越能够高效完成人事档案数字化管理工作任务。在竞争日益激烈的当下，企业更应该重视打造德才兼备、经验丰富的档案管理人才队伍，维护人事档案信息的安全性，致力于为企业人力资源的开发、配置和优化利用提供真实有效的信息。

首先，缩短档案管理人员培训周期，强化培训内容针对性及培训方式灵活性，培训过后立即组织考核，检验档案管理人员对培训知识和技能的掌握程度，通过考核的人员才允许上岗，促使档案管理人员能够切实履行岗位职责，贯彻落实人事档案数字化管理。

其次，对档案管理人员进行法律法规教育和职业道德教育，增强档案管理人员的法律意识和道德责任感，严格遵守企业制度开展人事档案数字化管理工作，及时处理人事档案信息缺失、不实等问题。

最后，与高校和社会机构开展深度合作，引入符合人事档案数字化管理需求的、既具备丰富的档案管理专业知识、又擅长信息技术的复合型人才，帮助企业制订人力资源管理长期规划，消除员工之间的矛盾，保持企业人才队伍的和谐与稳定。

（三）加强人事档案信息的安全管理

采用多种网络信息安全技术，保障企业人事档案信息安全，降低各类因素的干扰，发挥人事档案信息效能。在环境管理方面，机房运用智能环境监控系统，自动调节机房温湿度，人员出入凭借门禁卡，防止无关人员进入档案室，将防水、防潮、防火、防盗等工作落到实处。在设备和系统管理方面，对硬件设备进行日常检查，以便及早发现和维修损坏的设备，以免引发火灾事故；将多种网络信息安全技术结合起来，构建完整的防御体系，过滤从外部流入的信息，使用杀毒软件查杀木马病毒，及时修复系统漏洞，为档案管理人员分配不同的用户名，当信息安全问题出现时系统会自动锁定嫌疑人，将信息安全风险降至最低。增强档案管理人员的保密意识，将涉密信息保存在内网上，只面向档案管理部门及上级领导开放，任何私自泄露涉密档案信息的行为都将受到法律的严惩。

（四）提高人事档案信息的利用率

1. 岗位信息管理模块

企业岗位信息涉及岗位工作的内容、要求、目标等，可通过建设人才信息模型，清晰反映出员工素质能力必须达到的标准，还要定期实施岗位轮换，让员工的身心得到充分放松，提高员工的工作效率。该模块的设置能够精确评估企业岗位设置的合理性及员工岗位胜任力，是人力资源调配及开展员工培训工作所要参考的信息。

2. 绩效信息管理模块

绩效考核指标能够反映员工的工作态度、表现和贡献度。绩效考核通常与员工的薪酬福利待遇相挂钩，那些坚守岗位、兢兢业业、给企业创造较多价值的员工会上交一份满意的答卷，获得更高的职位和薪酬。企业充分利用绩效考核信息，能帮助员工改正缺点和不足，提高员工的业务能力。

3. 薪酬管理模块

给员工提供令其满意的薪酬，可以提高员工的忠诚度和工作效率，吸引优秀人才加入企业，薪酬信息是企业人力资源管理的重要参考数据。系统自动筛选和分析员工薪酬数据，对比员工的心理需求，可为人力资源薪酬管理提供有价值的信息。

第四节　医院人事档案数字化建设与管理

一、医院人事档案数字化管理的优势

（一）提高档案管理水平

信息时代背景下，人们的生活和工作都离不开数字信息，在医院的人事档案管理中，通过应用数字化管理系统，能有效提升档案管理效率，促进医疗服务的发展。应用数字信息技术，能将档案内容以数字化形式呈现出来，在档案输入过程中能降低出错率，有效提升档案的精准度，在电子档案的应用中，归档、储存效率能得到有效提升。同时，在人事档案管理中应用数字化管理，只需输入关键词，便可以快速完成档案查阅，有效缓解工作人员的工作压力，不仅有助于提升工作效率，而且还能节省人力、物力。

（二）延长档案使用寿命

传统的档案大多是以纸质形式记载的，在长时间的保存中，纸质资料的质量会大大降低，并且还可能受到人为因素以及不可控因素的影响，导致档案资料受损。同时，由于档案室空间有限，纸质档案资料的保存受到较大的限制，极易降低人事档案管理水平。而数字化管理在人事档案管理中的应用能有效解决这一问题，人事档案的数字化管理使档案不仅具备较大的储存空间，而且还能延长档案的使用寿命，人事档案管理不再受到时间、空间的限制，便于档案管理工作的开展。此外，互联网能实现人事档案资源的共享，保证满足各个部门的工作需求。

（三）增强档案信息的安全性

传统的人事档案是以纸质形式记录的，在档案管理中，难免会遇到档案丢失、违规修改等现象，很难保证档案信息的安全。通过应用数字化管理模式，能够实现纸质档案的数字化，将人事档案信息储存至计算机中，并借助先进的加密技术，大大提升人事档案信息的安全性，增强档案的保密性，有效避免数据泄露、丢失等现象。

（四）提升医院考核的公正性

在传统的医院考核中，通常需要借助纸质档案开展工作，但纸质档案在查阅过程中需要耗费大量时间，考核人员可能一带而过，并没有将过多精力放在档案查阅上，导致考核缺乏公平性。而数字化管理模式在医院人事档案管理中的应用能有效解决这一问题，在档案查阅中，管理人员能够快速查找到所需的档案资料，有效提升档案查阅的效率。同时，在人事档案数字化管理中，数字化电子档案的公开能够使考核工作更加公开、透明，进而提升医院人员考核的公正性。

二、医院人事档案管理中数字化应用的困境

虽然数字化档案管理技术有许多优势是传统档案信息管理模式所欠缺的，但在实际运用过程中，数字化档案管理同样面临着一些不可避免的困境。

从投入和利用层面来说，大部分医院对基础建设、医疗投入、学科建设往往倾注很多，却经常忽视了人事档案管理，特别是档案的信息化管理对医院人力资源管理的提升和促进作用。因此，在这方面的投入往往不足，有的医院即便有投入，信息化建设水平也不高，这对相关管理人员的工作也有一定的阻碍。

从技术应用层面来说，档案数字化管理是依靠计算机信息技术建立的数据资源管理系统，它通过对相关数据进行归类、整理、分析，实现档案信息资源的数据整合，为医院相关的管理职能部门提供数据报告，实现数据共享，为医院提高精准管理水平奠定基础。我国目前的医院人事档案数字化管理尚处于初级发展阶段，在对档案信息数据进行处理时，还存在一些技术问题，缺乏相关处理经验，而且对数据资源的分类和分析的技术还与国外先进水平有些差距，因而在数据处理的技术应用和操作方面还存在一定难度和风险。

从人力资源的专业化层面来说，目前，我国的医院人事档案数字化管理处于初级发展水平，专业性与先进水平之间难免存在差距，数字化档案信息管理要求管理人员掌握计算机信息数字技术的基础应用，但有较多医院的档案管理人员均非科班出身，由于学习专业属性的不同，在档案管理方面的专业知识和经验与专业档案管理人员还存在一定差距，很多相关档案管理人员并未掌握完善的计算机信息管理应用技术，这就对医院人事档案管理的科学化、规范化和专业化建设提出了挑战。因而，在当前的医院人事档案数字化管理进程中，管理人员的专业化素质和水平也是急需解决的另一个重要问题。

从信息安全和管理安全层面来说，人事档案管理是医院工作的一个重要方面，而档案信息是一个人人生经历的浓缩写照，与个人的人生发展息息相关，所以，做好人事档案的安全管理和保密工作对医院的发展具有重要意义。目前，医院人事档案数字管理系统应建立健全专门的科学有效的安全防护体系，完善安全保密防护体系建设是数字化档案管理的极为重要的方面，有利于减少计算机病毒侵害、黑客袭击盗取医院信息等现象，能减少医院因此遭受的各方面损失。另一方面，也要预防档案管理人员利用职务之便，在档案信息管理过程中对档案信息进行恶意更改、造假等，以泄露档案信息牟取私利的现象也屡见不鲜，因此，加强档案信息数字化安全管理建设刻不容缓。

从创新建设的角度来说，我国医院人事档案数字化管理经验和技术大多一味参照和借鉴外国的管理模式，忽略了我国医院和国外医院在体制建设和人事管理等方面的不同，没有明确档案管理的方向和目标，不注重档案管理的实际运用等，使得很多情况下出现档案信息管理和医院实际情况相矛盾的现象。这不仅给档案管理工作带来了很多不便之处，不利于发挥档案管理在医院人力资源配置方面的作用，还使医院的人力资源管理工作效率大打折扣。所以，必须加强医院档案管理的创新建设。

三、医院人事档案数字化建设与管理的有效策略

（一）加强对先进技术的引进和研发力度

针对我国医院数字化人事档案管理在经验技术方面存在的问题，一方面应借鉴国外医

院在相关人事档案管理方面的先进经验和模式，从中吸取有益精华，运用到我国的数字化档案管理实际操作中来；另一方面，应加大本土境内对相关计算机管理技术的研发和应用，创造属于中国本土医院、符合我国医院发展实际、具有中国特色的档案信息数字化管理体系，提高医院人事档案管理的科学性和规范性。

（二）提高对人事档案管理数字化的认识

提升医院的人事档案管理的数字化建设水平，首先就是提高人事档案管理者的现代化建设意识，需要在充分认识数字化系统的技术优势上，不断革新理念，将建设重点放在改革开放的新形势和新问题上来，通过建立医院人事改革制度同档案管理之间的关系，不断强化档案管理的现代化、信息化和自动化建设理念，将人事档案的数字化建设作为医院的重点建设目标。同时，应该加大对数字化建设的投入力度，并通过举办座谈会、宣讲会等活动以及定期举行课程培训等方式加强医院管理者对人事档案的数字化建设优点的认识，强化档案管理者的数字化工作意识和相应的工作技能，为全面提升医院人事档案管理水平奠定良好的基础。

（三）构建医院数字化人事档案管理系统

加强医院人事档案数字化建设的关键环节就是建立完善的数字化管理系统。首先，可以将已有的数字化系统引入人事档案的管理系统中，例如，医院信息系统 HIS、资源规划系统等，针对医院具体的情况选择合适的管理系统，并在此基础上重点开发适合本院具体人事档案管理工作的人事档案管理系统，做到相互兼容和相互促进；其次，医院要有针对性地将现有纸质档案转化为电子档案，并储存在医院系统中，做好数据库的完善工作。转化过程中应该遵循"先简单后复杂，先重要后次要"的原则，即事先将纸质档案信息进行分类，集中人力资源将那些比较重要的纸质档案转化为数字档案，做到轻重缓急合理搭配。在具体转化工作的实施中，应该首先将标准档案导入医院数字化管理系统中，当档案全部导入时，再逐步规划电子信息档案的数量和每份档案的页数，最后相关人事档案管理人员还要对信息进行核对，确保输入的信息准确无误，并将相关的电子档案信息打印出来送交各当事人进行审核，发现错误信息及时进行纠正。

（四）加强查询系统的设计

为了进一步完善数据库的实用水平和工作效率，有必要加强相应的查询系统建设，通过与技术公司或是高校合作的方式开发出适合本医院行政工作的查询系统，以数据库中不同字段的重要性为主要查询标准，对检索条件中的字段进行设置。同时，为了方便内部人员的查询工作，有必要丰富查询内容和查询条件，如不仅仅可以输入名称、单位等进行查询，还可以根据相关工作经验、擅长科目等因素进行查询，并对同一检索项目的不同检索内容进行横向和纵向的比较，在相互比较之中选出最优的检索方案。

（五）加强对人事档案管理工作者的业务培训

档案管理员作为人事工作的直接参与者，其业务素养和数字化设备的运用水平直接关系着数字化系统的工作效率，因此，有必要提升档案管理员的专业素质。首先，医院应该提高人事档案管理者的招聘门槛，对求职者的学历、工作经验等相关内容进行严格要求，对招聘环节进行层层把关，坚决杜绝徇私舞弊的情况发生；其次，对现有的档案管理人员定期进行业务培训，邀请本行业的精英人士或是专家来本院开展座谈会或是工作研讨会，向档案管理人员介绍世界上先进的技术和工作经验，并要求参训人员及时做好总结工作，切实提升自身的信息化工作意识和工作能力。

第五节　机关事业单位人事档案数字化建设与管理

一、机关事业单位人事档案数字化建设的问题

（一）人事档案数字化管理薄弱

在数字化时代，档案管理模式从以档案保管和利用为重点，转向以档案信息的数字化存储和提供服务为重心。很多机关事业单位没有对人事档案数字化管理工作给予足够的重视，管理只是流于形式，没有落到实处。大部分管理者认为电子档案、检索、整理有无数字化都一样，忽视了人事档案数字化工作的开展，对人事档案数字化设备的投入不足，以至于档案数字化管理工作的基础投入十分薄弱。遇到问题临时抱佛脚，应付相关部门检查和保证干部职工调动过关就行，而这一切都导致人事档案管理工作不能发挥其真正的效能，档案数字化管理更是无从谈起。

（二）人事档案数字化管理制度滞后

面对各个行业运用高效、便捷的数字化管理模式，现有的机关事业单位人事档案管理

工作存在许多问题，甚至阻碍机关事业单位人力资源的可持续发展。个别机关事业单位人事档案没有跟上数字化时代的步伐，还是依靠陈旧的档案管理方式，这种制度在管理形式和方法上与数字化管理制度不相符，制约了档案管理和服务利用。在现有制度的框架下索引、整理、保存等工作程序没有办法与机关事业单位的人事档案数字化管理制度相衔接。这就需要我们根据数字化档案发展的要求以及自身工作实际，制定与时俱进、完善合理的人事档案数字化管理制度。

（三）档案管理人员专业水平偏低

人是最核心的资源，由于机关事业单位编制有限，分配到档案管理部门的编制较少，这就造成很多档案管理工作由人事部门工作人员兼任的情况。档案管理人员多数不是专职，时常离岗或有工作变动。没有专业技术人员，任何先进技术和管理手段都只能流于形式；没有专职的实施者，信息化建设更是无从谈起。机关事业单位档案管理制度信息化建设虽然开展多年，但未能认真执行。机关事业单位的人事档案管理是一项繁杂琐碎但连续性极强的工作，若不能保证及时和足够的人力、物力的投入，就会导致人事档案管理的质量大打折扣。

（四）人事档案管理手段单一

由于档案管理工作多数是人事部门工作人员兼任，兼职人员对档案数字化管理、业务知识和流程梳理等知之甚少，较少主动利用新技术及数字化管理人事档案，专职及专业人才的缺乏给人事档案管理工作带来了很大难度。在信息技术高速发展的今天，个别机关事业单位人事档案管理工作依然墨守成规，依靠传统纸质档案收集和保管的方式，即使部门配备了电脑，也无法充分利用。我国开展档案信息化建设已经多年，由于各机关事业单位没有配备专门的档案管理和专业技术人员，多数单位管理档案人员是兼任，造成了档案信息化建设存在不到位的情况，即使单位配备了档案信息化设备，档案网络查询与检索形同虚设，白白浪费了大好资源，导致人事档案管理工作效率极低。

（五）档案管理硬件设施不完善

在人事档案数字化管理办公设备中，计算机、扫描仪等硬件设备必不可少，这是实现办公自动化及档案利用率提升的关键。只有具备完善的硬件设备和基础设施，才能让人事档案资料得到有效管理，共享信息资源。当前，机关事业单位由于缺乏足够经费，硬件设备不完善，基础设施建设滞后，导致人事档案数字化管理工作很难正常开展，工作效率不高。

（六）人事档案利用工作水平较低

对机关事业单位的人事档案管理者来说，不管是收集、整理，还是鉴别、保管，其目的都在于利用，是为了服务机关事业单位的人事工作，为人事决策提供参考依据。一些单位由于档案管理和专业技术人员不足，导致人事档案收集归档工作被动、不及时，责任不明、界限不清，使得人事档案管理工作前后脱节。就目前而言，人事档案管理存在着重保密、轻利用的现象，档案服务开发意识差，即使是利用，范围也有限，查阅的大部分内容是学习、工作情况，职称，工资等，而且利用的方式也很单一，只有需要者找上门来才提供服务，工作处于被动状态。

二、推进机关事业单位人事档案数字化建设与管理的措施

（一）提升对档案数字化管理工作的认识

实现人事档案管理数字化，是适应社会对档案信息的客观需求。机关事业单位要加强对人事档案数字化管理工作的重视，将人事档案数字化管理落到实处，使人事档案管理数字化建设有章可循，确保人事档案数字化的规范整理、合理利用、安全保密。机关事业单位人事档案数字化是系统工程，要选拔具备较高的政治素养、责任意识和专业技能过硬的档案管理人员，推进人事档案收集与归档、整理、检索等数字化建设，及时录入、随时更新职务变动、工作履历、继续教育、奖惩情况等动态信息。成立人事档案数字化管理领导小组，解决工作中的困难和问题，协调推进人事档案数字化建设。加大档案数字化管理工作基础设施的投入，将人事档案数字化管理工作提到议事日程，发挥便捷、高效、安全等效能。

（二）健全人事档案数字化管理制度

我国档案信息化建设已经开展多年，但是档案信息化成果较少。解决此问题的根本途径是建章立制，健全人事档案数字化管理制度。只有不断采用现代信息技术装备档案部门，才能提高档案管理和利用的现代化水平。人事档案数字化管理是一个动态过程，在人事档案材料的数据收集补充、电子档案整理、档案的登记、借阅等环节中都要建立相应的网络节点。依据《档案法》和《机关档案工作业务建设规范》的规定以及数字化档案发展的要求制定与时俱进、完善合理的人事档案数字化管理制度。

（三）配置档案管理专职人员，培养高素质人才队伍

各级党委、政府要重视档案管理人员和专业技术人员的队伍建设，在机关事业单位配置专职人事档案管理人员和档案数字化管理需要的各种高素质、高学历的复合型专业技术人才，培养档案管理与系统研发、程序维护的复合型人才，逐步建立一支具有较高档案管理水平和较高工作效率的档案管理人才队伍；机关事业单位须对档案管理人员进行定期定质定量的专业培训，提高其专业技能和个人素质。此外，档案管理人员须在档案管理工作中及时总结经验，改进管理技术和方法。

（四）加大档案管理硬件设施投入

加大机关事业单位的档案设备、数字化装备和基础设施的投入，才能让人事档案资料得到有效管理，共享信息资源。对机关事业单位档案管理的投入，不应局限于工作部署及年终总结，要落到实处，要舍得投入并引进各种先进技术设备，建立完善的档案网络信息管理系统。这是档案进行数字化管理的重要硬件设备和物质基础，同时也是主要的信息传输与共享方式。

（五）推进人事档案数字化建设

要对人事档案实行计算机辅助管理，利用计算机、扫描仪等现代设备和现代技术，通过相应的技术处理将档案资料转变成数据资料，实现人事档案纸质与数据格式并存，能够根据需要，通过电脑查阅有关内容。同时，利用数据库技术、数据压缩技术、高速扫描技术等手段，将纸质文件、声像文件等传统介质文件和已归档保存的数字化档案，建立系统有序的档案信息库。注重档案信息与其他资源的整合，实现统计功能与档案人员数据库实时联动，为做出科学合理的决策提供数据支持。合理利用人才信息资源库，使其最大限度地发挥作用，把先进的科学技术手段应用于人事档案管理，以达到提高工作效率和延长人事档案寿命的目的。实现不属于保密范围的档案信息的共享，既能方便利用者，又能提高人事档案工作的效率和质量。

（六）提高机关事业单位人事档案的利用率

档案管理人员要利用人事档案为机关事业单位提供人力资源服务的契机，充分挖掘人事档案的潜在价值，提升档案信息资源开发的利用水平和服务能力。提高机关事业单位人事档案利用率的关键是丰富档案内容，从人出发，突出个性信息，注重收集政治面貌、专业特长、知识结构、成果业绩等材料和数据，不断更新档案信息内容，进一步提高人事档案利用率，促进人事档案信息资源的共享和再利用。

第六章　人事档案的智能化建设与管理

第一节　人事档案的智能化发展

一、档案智慧技术与服务

智慧是运用知识提出问题、分析问题并最终解决问题的能力，包含对事物认知、理解、分析、处理、创新的能力，智慧能够实现知识的产生、开发与创造。

人工智能是研究怎样使计算机模拟人类的感知、推理和行动，作为计算机学科的一个重要研究分支，是在计算机科学、经济学、心理学、哲学、语言学、数学等多种学科相互融合与渗透的基础上，不断发展起来的一门新学科。

智慧服务是以创造性智慧为前提，在知识服务的基础上将知识转化为生产力的创造性、智能化、交互式服务。档案服务作为档案室（馆）的重要职能之一，实现档案智慧服务转型升级是应对智慧时代公众日益多元化和智慧化的档案利用需求的重要手段。

如今，信息化已经成为衡量一个国家、地区、企业或专业综合实力的重要标志，各行各业都在贯彻实施信息化战略。档案事业发展也必须主动适应时代潮流，搭上信息化快车，加快现代化步伐。随着档案信息化程度的不断加深，推动了档案智慧服务体系构建。

"人工智能+"档案智慧服务是档案机构为应对人工智能时代新经济发展形态和档案事业转型升级，将人工智能深度融入档案服务的方方面面，为实现档案智慧服务提供技术保障和运维辅助。这是对传统的档案信息服务的变革，是人工智能与档案深度融合的新生态产物。

二、基于"人工智能+"的档案服务体系构建

目前，人工智能产业已经形成了包括基础层、技术层和应用层这三个层级的较为成熟完整的产业链。基础层是由 CPU 等核心硬件和"深度学习"等智能算法构成，技术层由

模式识别、专家系统等技术构成，应用层是人工智能技术及相关产品在某一专业领域的融合与具体应用。

"人工智能+"档案智慧服务体系是人工智能产业与档案实现深度融合的成果，是适应新时代发展的档案服务体系，在提供档案借阅、档案开放资源共享等基础服务的同时，还能为社会提供基于馆藏档案资源、用户服务数据等深度挖掘分析的精准需求推荐服务、知识图谱服务、虚拟泛在空间服务、用户实时反馈服务等。人工智能驱动着档案服务从传统服务转向知识服务、智慧服务，不断推动档案服务智慧化，这说明人工智能技术是档案智慧服务体系构建的关键因素。

在"人工智能+"档案智慧服务体系中，基础设施层是档案资源保存、管理、开发、利用的基础，档案机构利用其软硬件基础设施捕获、感知、收集用户访问档案服务平台时产生的用户利用信息和业务管理信息，利用语音识别、OCR 识别等人工智能技术征集、数字化、存储了体量庞大的馆藏档案资源。用户在社交媒体、互联网等外部媒介上产生的用户开放数据也是档案智慧服务的重要档案资源之一。档案机构再利用机器学习、自然语言处理、模式识别等技术，对已有档案资源进行组织和深度分析，逐步构建档案用户画像、档案知识图谱、隐性知识关联推荐服务功能，实现对档案的智能检索服务、泛在空间服务和精准个性化服务。"人工智能+"档案智慧服务能够在虚拟场景空间中满足用户的档案利用需求，为用户实现隐性关联档案推荐服务，用户会更加积极地访问档案智慧服务平台，产生更多的用户服务信息，从而使档案机构能够完善优化用户画像、提供更优质的档案智慧服务。

（一）基础设施层

"人工智能+"档案智慧服务是建立在大体量、可组织、可分析的档案资源的基础上的，而档案资源依赖稳定的基础设施架构。基础设施层主要由机房和软硬件设施两部分组成。

第一，机房设施。机房是提供档案实体存储、利用的重要场所，完善的机房设施要具备对档案实体的温湿度智能一体化自动监管、对档案实体的位置信息实时感知并上传至档案机构档案管理端口，具有事先预防和灾情执行装置智能管控，实现对火情、人为破坏等会对档案造成破坏的险情的智能捕获。

第二，软硬件设施。软硬件设施主要由网络设备、存储设备、感知设备、数字化加工设备、安全设备等一系列计算机软硬件设施组成，是支撑"人工智能+"档案智慧服务体系的重要基础。只有软硬件设施逐步智能，才能为建设智慧服务体系扎实根基。

总之，完善的智慧档案基础设施体系具备对档案资源、档案业务管理、档案用户的全面捕获、感知、智慧分析和服务优化，能为实现真正的智慧档案服务提供稳定可靠的物质基础。

（二）档案资源层

档案基础设施为档案资源层提供了管理工具和平台，而管理的目的是充分利用档案资源，发挥档案的文化价值、社会价值。档案资源层是档案智慧服务的数据基础，主要包括馆藏档案资源、业务管理数据、用户服务数据和用户开放数据。

第一，馆藏档案资源。馆藏档案资源是档案室（馆）提供智慧服务利用的重要资源，主要包括实体档案和电子档案资源。实体档案经数字化后与电子档案共同组成档案基础资源库，主要由目录数据库、全文数据库、多媒体数据库、专业档案数据库、历史文献数据库等构成。

第二，业务管理数据。业务管理数据是档案室（馆）日常业务运营产生的数据，主要包括档案机构设备感知数据、档案业务人员管理数据、档案工作目标及计划数据、档案机构考核数据、楼宇管理数据等。设备感知数据主要包括基础设施中那些智能感知设备在日常运营中所产生的数据，对这些数据进行长期保存和统计可以全面观察日常档案机构工作中的工作状态和管理能力，对这些数据进行分析可以直接观察档案工作的优劣，辅助档案机构不断提高自身的管理能力。

第三，用户服务数据。用户服务数据是指用户访问档案室（馆）及档案服务平台时产生的一系列数据，包括用户注册信息、用户档案查询记录、档案传递数据、档案复印下载数据、用户网页浏览数据等。

第四，用户开放数据。用户开放数据是指用户在非档案服务平台进行查询、浏览、撰稿等产生的外部公开数据，包括在社交媒体、图书馆服务平台、博物馆服务平台等产生的一系列能够反映用户兴趣偏好、信息需求的用户行为及用户生成数据。

（三）技术层

档案智慧服务的实现依赖于物联网、人工智能、大数据等新一代信息技术的发展，其中人工智能是档案智慧服务的重要技术引擎。要实现档案服务的智慧化，前提是实现档案管理流程的智能化、网络化。

人工智能作为重要的档案工作发展技术引擎，能够为档案管理提供强大的技术支撑，促进人工智能与档案管理工作的深度融合，能够实现档案服务的全面感知、深度挖掘和智慧服务，提升档案智慧服务水平。技术处理层主要介绍人工智能作为技术引擎如何嵌入到档案服务体系中，其主要是通过语音识别、自然语言处理、图像识别、OCR 识别和专家系统等人工智能技术对档案管理全过程进行智慧化处理，具体包括档案收集智慧化、档案整理智慧化、档案鉴定智慧化、档案检索智慧化、档案存储智慧化和档案服务智慧化。

总之，人工智能正在并将会持续影响档案管理和服务的方方面面，人工智能与档案的深度融合是大势所趋，将人工智能技术作为提升档案智慧服务水准的技术引擎，才能抓住人工智能这一发展机遇。

（四）服务应用层

第一，资源服务多元智慧化。档案资源服务智慧化就是指利用人工智能技术深度分析馆藏档案资源和用户服务数据后，实现针对用户需求提供的档案资源智能检索和借阅服务。用户按照自身需求在所有档案服务平台可以实现对所有公开档案的关键词、主题、全文检索等，检索方式通过构建因果、相关、递进等各类智能检索模型实现智慧化检索，检索内容方面提供文本图片、音频、视频等不同格式的数据标准统一的多元档案资源库，为用户提供丰富多元的档案资源服务。

第二，服务空间泛在虚拟化。随着人工智能等信息技术的持续发展，档案服务空间将会继续升级，实现"档案服务云平台"、档案现实虚拟空间及各大互联网平台的泛在虚拟化服务。

第三，用户服务精准智慧化。坚持遵循用户需求的原则，构建精准智慧用户服务模式是应对人工智能时代档案服务挑战的重要手段。档案用户精准智慧服务主要由用户画像定制、兴趣知识图谱、需求档案智慧推荐等智能化、个性化的智慧服务构成。

第四，服务反馈与学习优化。一个完整的档案智慧服务体系不仅要实现档案资源服务多元智慧化、服务空间泛在虚拟化、用户服务精准智慧化，还需要通过服务反馈和评价，实现机器学习系统自动优化，不断提升档案智慧服务水平，提供更加精准的档案智慧服务。服务反馈与学习优化主要由服务反馈与评价和智慧系统自动优化两部分构成。

三、基于"人工智能+"的档案智慧服务策略

以人工智能为代表的第四次科技工业革命将会带来各个行业的颠覆和生产力变革，毫无疑问，人工智能时代的档案机构面临着理念、资源、技术及人员等方面的困境。档案机构必须重视和加快人工智能在档案领域的应用，基于以用户为中心、以技术为支撑的理念，在理念、资源、技术及人员等方面进行转型升级，充分发挥"人工智能+"档案智

慧，向社会提供一系列具有创造性、创新性的档案智慧服务。

（一）制度构建：完善伦理规范与法律

1. 制定伦理规范标准

随着人工智能的开发、应用与融合，人工智能道德伦理问题在人工智能爆发式发展阶段就已经引起了国际国内相关机构的高度关注，并在国际上已经出台了人工智能与机器人的伦理规范、原则、标准制定。

档案机构在遵循相关规定的同时，还应该思考人工智能在档案领域应用过程中将会产生哪些伦理问题，针对这些问题预先做好规划与标准制定，以对人工智能性能、安全、责任进行界定。

（1）在规范和标准层面规范人工智能应用程序，完善顶层制度设计、制定行业技术标准及从业人员行为规范，所有人工智能的应用与研究都应遵循伦理规范。

（2）将档案机构服务理念与伦理原则嵌入到人工智能应用程序中，将道德伦理融入智慧档案服务的全过程，从根源上杜绝可能产生的违背公众利益、服务不平等、责任难追溯等问题。

2. 完善现行法律法规

针对相关主体价值取向负载在算法决策和算法权力上而易导致的问题和相关主体责任权重不明而损害公众权益的问题，解决的重要途径之一是完善现行法律法规。

法律法规是保证算法公平公正、智能系统透明公开、主体责任明晰的重要保障，只实行标准规范难以保证执行上的客观公正，法律能够进一步约束相关主体并将不法之徒绳之以法。尤其是人工智能应用中造成的人身财产的损害，应当明确法律主体和责任主体，保障用户的知情权等合法权益。

（二）资源优化：档案数据优化与保护

1. 统一的数据与平台

"人工智能+"档案智慧服务是以档案数据资源为基础数据进行数据挖掘与分析的，但不同档案机构及同一机构内部不同的系统所造成的数据壁垒及数据孤岛等问题严重制约了人工智能与档案的深度融合。建立统一的数据标准体系及智慧服务平台是解决这一问题的重要手段。一方面，统一数据标准和规范能够实现档案资源的跨界、跨领域、跨系统的资源整合，为后续智慧服务所需的数据挖掘、智慧数据分析等奠定数据基础，基于大数据的档案智慧服务将更加精准智慧；另一方面，统一的智慧服务平台可以优化档案服务，整合档案数据资源，为档案智慧服务提供良好的服务平台。

2. 优化系统与技术

大容量档案数据将需要更加大体量、高性能的存储系统来做技术支撑，档案资源本身的大体量以及人工智能的机器学习及深度挖掘所产生的大量非结构化和结构化数据都要求存储系统的升级优化。

非关系型数据库采用分布式和集群化的数据存储模式，适用于大规模、半结构或非结构化数据的存储管理，这为档案非结构化数据存储问题提供了新的解决方案。

档案存储和运算空间问题的解决还需要技术的进一步发展优化，这不仅仅包括人工智能技术，还涉及其他存储技术。要最终实现存储系统与技术的优化，寻求能够适应时代发展的更加完备的解决方案依旧非常重要。

3. 保护个人隐私

我国政府保护个人隐私，个人也应当服从国家利益，正因为如此，政府才能为个人安全提供实时的保障。同时，该项规范的新版发布也使用户的功能授权更加自由，用户个人信息更加安全，用户个性化服务选择自由，平台使用个人信息的权限得到约束，责任部门与人员责任更加明确，最终不仅能保护用户的个人隐私，而且能在一定程度上预防用户隐私被滥用或泄露。

构建"人工智能+"档案智慧服务体系时，档案机构必须严格遵守相关规范，坚持以人为本的原则，相关算法设计必须将个人授权、服务选择、隐私界定等方面的内容考虑进去，使用用户画像也必须按照法律规定，充分考虑档案用户的感受，在采用数据脱敏等技术保护档案用户隐私和尊重用户隐私的前提下为档案用户提供精准智慧服务。此外，必须时刻关注相关规章制度的动态，了解并遵守人工智能技术伦理规范，做好档案数据服务应急管理措施，使档案机构利用用户数据提供服务与保护用户隐私保持平衡。

（三）技术迭代：技术发展与安全防御

1. 关注人工智能技术发展

目前"弱人工智能"阶段，人工智能与各个行业的融合还需要进一步深化。面对人工智能发展的技术瓶颈，寻求技术发展是突破瓶颈的重要方法，不断促进人工智能技术的发展能够加快人工智能的深度融合，人工智能在档案领域的融合应用不仅能够推动档案智慧服务的转型升级，还能够助力档案行业的变革与转型。

人工智能技术发展瓶颈短期内可能无法得到有效的解决方案，但是档案学界应该主动研究人工智能与档案工作的深度融合及由此带来的伦理、管理、制度方面的问题。档案机构应该时刻关注人工智能技术的发展，了解人工智能应用的相关规章及制度，主动思考人工智能如何赋能档案服务，在尽可能降低成本的基础上，为档案用户提供档案智慧服务。

2. 建立安全防御体系

人工智能背后隐藏的网络安全问题不容忽视。大数据、物联网、人工智能等技术在档案的应用都是在云端或者政务网、互联网等网络开放平台，这些网络开放平台容易受到密码破译、伪造数据等网络攻击，黑客一旦抓住了网络平台的技术漏洞及人工智能本身的技术漏洞，可能会造成信息泄密、窜改数据等巨大的安全风险。针对这一技术问题，首先要不断推进人工智能技术发展，减少人工智能本身的漏洞，在加快人工智能与档案智慧服务融合的同时，利用人工智能技术在网络安全方面的应用，建立风险预测模型。

第二节 高校人事档案智能化建设与管理

一、高校人事档案管理中人工智能技术应用分析

（一）做好新旧人事档案电子化工作

由于人事档案管理的时间跨度大，大部分高校还存在着许多纸质人事档案。纸质人事档案占地面积大、难以保管和检索具体内容，且对档案信息的更新难度大，将纸质人事档案进行电子化是高校建设智能化人事档案管理的一项基础工作。在人工智能技术尚未成熟时，纸质档案电子化工作通常是依靠高校档案管理人员手动将纸质信息输入计算机中。这样的转换方式不仅效率低下、容易产生信息上的错误，且对于如图片、照片等非文字化信息难以进行转化。即使将纸质文档通过扫描设备扫描后，也仅能将其作为图片保存，无法编辑文档中的内容，不利于档案内容的更新。而伴随着人工智能技术的发展，OCR 文字识别技术被应用于人事档案电子化工作中。通过 OCR 技术，高校档案管理人员能通过扫描仪器直接将纸质文档转变成可编辑的电子文档，且支持同步保存非文字类的信息，能极大提高人事档案电子化的工作效率。除将老员工的纸质档案电子化外，高校还可利用人工智能技术直接建立新员工的人事信息电子档案。

在人工智能管理下，系统会为每一个新入职的员工匹配一个职工工号，作为其在高校

工作的身份标识。而工号信息与具体的人事档案内容同步，可直接查找员工的照片、身份证、出生年月日、民族、籍贯、政治身份、工作经历等主要信息，能避免档案管理员需要手动录入新员工档案的情况，降低档案管理的人力成本。基于此，高校人事档案智能化管理建设中，应积极应用人工智能技术完成人事档案电子化工作，发挥档案管理的初始化功能，为档案管理提供数据支持。

（二）优化人事管理信息检索与智慧决策

相较于传统的人事档案管理模式，人工智能技术拥有强大的数据检索功能，能帮助档案管理人员快速通过关键词检索高校中符合要求的人事信息，并且支持数据的批量下载、统计与分析。档案管理人员还可通过在系统中提前预设统计格式和统计关键词，将人事管理数据直接从系统中导出，并按照要求进行数据分析，生成符合要求的图表，有效降低档案管理人员进行数据处理的工作量。人工智能技术还具有用户感知的功能，当使用者重复检索条件相似的信息时，人工智能在后续检索中会自动为用户优先展示符合条件的信息。例如，档案管理人员想要检索高校中离退休人员的人事资料，当重复在搜索框中键入几次"离退休人员"后，人工智能会自动在主页面上向管理人员展示有关离退休人员的相关资料，提高了管理人员的工作效率。

人工智能技术除了为人事档案信息提供快速检索功能外，还能通过大数据对信息进行分析，为档案管理人员提供智慧决策支持。通过大数据智能算法，人工智能技术能深度挖掘高校人事档案内容，分析高校当下的人事结构。例如，人工智能技术能通过高校人事档案中工作人员的出生年月、学历专业、职称评定等资料，分析出当前高校中工作人员的平均年龄和平均工龄、学历职称分布情况，来具体判断大到高校整体、小至高校某学科的人才储备情况，为高校人员的培养提供决策支持。人工智能还可根据人事档案的历史数据和高校过往人事变化的趋势来预测高校未来人事建设工作方向和人才需求缺口，并对高校人事管理中可能出现的人员超编、结构失衡等情况做出提醒。

（三）完善人事档案价值评定与人员考核功能

审查档案信息的真实性与准确性是高校人事档案管理的重要内容之一，影响着高校工作人员的转正定级、职称申报等多项事务的开展。依靠人工对人事档案进行审查，不仅增加了档案管理人员的工作压力，而且对于一些涉及专业的审核，档案管理人员往往难以独自处理，须通过第三方审核机构才能完成审核工作，提升了档案信息审核的成本。人工智能技术拥有模拟人类思维的能力，在算法、算力和数据的支持下，它能通过推理、分析和记忆功能代替人类对信息进行处理。因此，通过为人工智能系统录入专家评定数据库，并设定专门的评定标准，将其编写成算法植入人工智能中，人工智能就拥有了代替人类进行档案价值评定的可能性。接着，通过模拟测试训练，对测试结果予以反馈，人工智能便能习得档案价值评定的能力，能直接对数据库中工作人员的人事档案内容进行评估，有效提升了高校人事档案管理的工作效率。

另外，人工智能技术还能为高校人事管理中人员考核工作提供支持。通过人事档案管理数据库，评审专家能查阅到工作人员的工龄、职称、工作情况、工作表现、获奖情况等，为员工考核提供数据支持。此外，高校还可运用人工智能技术，设定更人性化、更合理的考评标准。

（四）提升人事档案的共享性和安全性

为提高人事档案的利用率，高校应加强人事档案系统前后台的联系，在人工智能技术的支持下打通与高校各部门数据库的传输渠道，提升信息之间的共享性。例如，当高校工作人员想要开具相关的人事资料证明时，可通过高校 OA 系统进行线上申请。在数据互通下，档案管理人员能快速在档案管理系统中收到申请，在审核通过申请后，系统会直接按照模板生成资料证明，并将其发送到工作人员的 OA 信箱中。在数据共享模式下，能有效简化人事档案管理流程，避免线下烦琐的手续，既能降低档案管理人员的工作量，又能为工作人员提供便利。

此外，人工智能技术还能有效提高高校人事档案管理的安全性。首先，人工智能技术能有效抵御外界病毒对人事档案数据库的攻击。通过为数据库安装智能入侵检测系统，能自动识别访问数据库的人员，并将具有潜在安全威胁的访问者拦截在墙外，防止病毒入侵；其次，人工智能技术拥有生物特征识别方式，能识别使用者的虹膜、面部、声音和指纹等信息，能保障高校人事档案管理数据库在使用过程中的安全性；最后，人工智能技术能使人事档案管理的监控功能更完善。通过配备监控摄像头、报警器等终端设备，系统能实时对高校档案管理室进行监控。一旦通过摄像头判定档案室中出现非法入侵情况，系统就会第一时间向负责人发出警告信号，确保高校档案管理的安全性。

二、构建高校人事档案人工智能管理保障体系

（一）转变人事档案管理工作理念

受传统的管理理念影响，目前，我国许多高校的档案管理仍以纸质管理为主，没有重

视人事档案智能化建设工作。若想在高校人事档案管理中应用人工智能技术，高校应转变人事档案管理"重纸质管理，轻电子化管理"的工作理念，有意识地推进人工智能技术的建设。首先，高校要大力宣传人工智能技术在人事档案管理中的优势，让高校各部门、各工作人员加深对人工智能技术的理解，配合高校一起改革人事档案管理工作方式；其次，高校要转变档案管理人员的工作思想。目前，部分高校即使配备了人工智能技术，但由于一些管理人员仍习惯传统的管理方式，并没有很好地将人工智能技术应用于人事档案管理工作中。因此，高校应做好档案管理人员的思想工作，让他们积极接受新技术，运用新方法，提高高校人事档案管理的工作效率；最后，高校要结合人工智能技术提高对人事档案数据的利用率，将人事档案管理与工作人员的日常工作、考评相结合，完善绩效考评、职称考评等流程，使高校人事档案在人工智能技术的支持下真正"活"起来。

（二）加强人事档案管理队伍建设

人工智能技术是计算机技术的一个分支，使用者必须具备一定的专业知识与职业素养。因此，高校必须加强对人事档案管理队伍的建设，提高相关人员的智能化工作水平和计算机综合能力，保障档案管理人员在工作中能顺利使用人工智能技术。

一方面，高校要开展档案管理人员计算机技术与服务意识的培训，邀请人工智能管理技术的开发人员到高校进行指导，通过专项培训让工作人员充分了解人工智能技术的使用方式，并结合实操训练来保障他们能将培训所学的知识顺利应用到工作中去。当人工智能技术更新后，高校必须确保工作人员及时了解新功能的使用方式。

另一方面，高校要加强引进人事档案智能化管理人才。高校若想在日常工作中将人工智能技术与人事档案管理有机融合，离不开专业人才的支持。因此，高校必须通过设置具有吸引力的激励制度，让技术水平高超的计算机人才加入到人事档案管理和建设队伍中，保证人工智能技术能发挥最大的价值。

（三）加大人事档案管理设施投入

人工智能技术的使用离不开计算机设备和其他硬件设施，高校应加大对人工智能技术的投入，在软件及硬件上保障人事档案管理智能化建设的顺利进行。在资金的规划使用上，高校必须提前做好预算，明确档案管理工作各项资金的使用，并预留充足的资金投入到人工智能技术的建设中，通过购买符合技术要求的计算机设备、监控设备和扫描设备等来搭建人工智能管理平台。在资金监管上，高校要加强对档案管理资金使用的控制，确保每一笔资金的使用都能追本溯源，及时对资金的投入效果做好考核与评估，保障所购买的硬件设施设备符合质量要求。此外，高校还应重视对人事电子档案的安全维护工作，定期投入资金对软硬件设备进行安全检查和系统升级，对人事资料进行备份，确保人事电子档案使用与储存的安全性，防止高校人事档案因为意外情况而导致数据丢失，从而影响人事管理工作的开展。

（四）完善人事档案管理制度建设

高校人事档案管理工作能够规范化开展，离不开管理制度的支持。因此，高校必须重视人事档案管理制度建设工作，应结合人工智能应用的特点，来完善现有的管理制度。首先，高校应规范人事档案信息管理流程。依托人工智能技术来明确规定档案的录入、审核、储存和调出的流程，提高人事档案信息的保密性，加强工作人员智能化管理意识；其次，高校应规范人事档案信息使用流程。对于部分需要查阅、借出人事档案的情况，可通过人工智能技术加强对人员的审核，确保人事档案的使用符合相关规定；最后，高校要落实好人事档案管理人员的责任制度。通过人工智能面部识别和生物识别的功能，高校可完善档案管理工作交接流程，并通过精细化管理将责任落实到每一位管理人员身上，确保人员在人事档案管理工作中遵守相应的规章制度。在管理出现问题时，高校也可通过人工智能技术来进行追责，使人事档案管理有据可循。

第三节　医院人事档案智能化建设与管理

一、医院人事档案智能化管理的意义

对健康的关注，已经逐渐成为社会的关注热点之一，民众对医院的要求不断增高，医院提供的健康服务日益多元化，医院的诊疗手段与诊疗设施正在不断朝专业化、标准化、规范化、智能化的方向发展，这也对医院的人事档案管理提出了新的具体要求。从医院的发展来看，应用大数据技术，提高医院人事档案管理的智能化程度，有以下三方面作用：

第一，提高医院人事档案管理的效率。电子化办公设备与智能化数据分析软件的应用，能够减少工作中的信息冗余，提高档案人员进行档案管理的效率。

第二，优化医院的人员分配。大数据技术能够有效挖掘档案信息背后的深层数据，挖掘医务人员的潜能，提高人事任免和人事调动的针对性。

第三，提高医院人事档案管理的规范性，转变"档随人走"的工作方法，提高医院档

案管理的标准化程度。

二、基于大数据的医院人事档案智能化建设与管理

(一) 医院人事档案管理的数据采集

在医院人事档案管理工作中应用大数据技术进行数据采集时，需要利用现代化电子信息设备，采集医院工作人员的身份信息和工作信息，并针对采集到的信息进行汇总，使档案信息与医院工作人员一一对应。信息的自动化采集能有效地促进医院人事档案管理的智能化程度。医院为了实现人事档案信息的智能化采集，在实际工作中需要重视智能化建设，针对档案数据采集中存在的问题及时采取处理措施，并对数据采集的模拟信号进行系统优化，提高数据采集的采样率。另外，还应将低通滤波器和抗混叠滤波器加装在数据采集工具中，并明确医院人员档案信息的采集周期。

(二) 医院人事档案管理的数据存储

在当前医院人事档案管理工作中，运用大数据技术进行档案数据存储时，具体采用的存储方式有 DAS、NAS 和 SANA 等。其中，DAS 存储方式是采用外部设备加设在人事部门的内部总线上，并根据计算机 PC 存储构架来保证人事档案信息的存储质量；采用 NAS 存储方式时，宜通过建立医院人事档案管理部门的内部局域网，利用网络将人事档案信息存储进单独的档案管理服务器中；采用 SANA 存储方式时，其作为一种云端存储，通过将医院人事档案信息存储在云端数据库，利用光纤技术及多种高级协议，实现人事档案数据同时向云端数据库及物理连接上的同时传送。在医院人事档案数据存储过程中，还应采用数据存储加密技术和安全密钥配置技术来保证人事档案信息的安全。

(三) 医院人事档案管理的数据清洗

利用大数据技术进行医院人事档案管理工作时，在针对数据清洗过程中，主要是通过筛选医院人事档案中的残缺数据，对异常信息进行标注，并采用智能检索的方式来查询已有档案中的相关信息，为人事档案信息进行补充。在针对医院人事档案数据清洗时，能够自动筛选档案中的错误信息、重复数据，并剔除档案数据中的冗余，以此来缩减档案整体数据量，全面提高档案管理工作的效率，为工作人员修改提供更多便利。

在医院人事档案管理工作中应用数据清洗技术，需要重视对人事档案管理人员的培养，人事档案管理人员不仅要树立正确的数据处理理念，还要对利用数据清洗技术识别出

来的错误信息给予正确处理。人事档案管理人员应掌握好数据格式、数据运行指令及数据智能化检索技术，并将数据补全和筛查作为日常工作内容。

（四）医院人事档案管理的数据挖掘

在医院人事档案管理工作中，数据挖掘技术的应用主要体现在档案分类、数据估计、数据预测、数据聚类及数据挖掘分类等环节。可以按照不同的类别，对医院人事档案信息进行科学分类，并划分为不同的集合。对医院人事档案进行分类，可以确定档案的数目。通过数据估计，档案管理人员能够对医院的人事档案整体有一个深入了解。数据分类是对离散型变量输出的描述，而数据估计则是连续值的输出，一个是针对人事档案中的统一性数据，另一个则是针对人事档案中的差异性数据。利用大数据技术对数据进行预测时，能够自动分析医院工作人员的经历，预判工作人员可能出现的行为选择。在数据聚类中，能够针对数据分组结果将相似档案数据记录在一个聚集里。在采用数据挖掘分类时，以直接数据挖掘和间接数据挖掘两种方式为主，具体需要利用计算机进行数据建模、描述剩余数据变量，挖掘分析医院工作人员的技能、行为偏好、隐藏信息及工作态度等。

（五）医院人事档案管理的数据可视化

利用大数据技术可以实现医院人事档案的可视化，具体包括医院档案数据管理逻辑的科学可视、档案信息的可视及档案管理流程的可视。在实际医院人事档案管理工作中，工作人员需要利用相关的工具以表格的形式展示医院人事档案数据采集、数据存储的结果，这样可以为数据清洗和数据挖掘提供更多便利，也可以将数据库中每一个数据项作为单个图元元素进行表示。另外，在实际人事档案管理工作中，工作人员可以利用 BI 分析工具来建立人事档案管理统计图和主题图，更直观地将档案信息处理成果展示出来。

参考文献

[1] 卢捷婷，岑桃，邓丽欢. 互联网时代下档案管理与应用开发研究 [M]. 北京：北京工业大学出版社，2021.

[2] 郝飞，袁帅，李伟媛. 现代档案管理与实践应用研究 [M]. 长春：吉林人民出版社，2021.

[3] 周杰，李笃，张淼. 文书工作与档案管理 [M]. 延吉：延边大学出版社，2021.

[4] 赵丽颖，芦利萍，张晨燕. 档案管理实务与资料整理 [M]. 长春：吉林人民出版社，2021.

[5] 李蕙名，王永莲，莫求. 档案保护学与科技档案管理工作 [M]. 沈阳：辽宁大学出版社，2020.

[6] 汪媛媛，王思齐，陈乐. 新时期医院档案管理与发展研究 [M]. 秦皇岛：燕山大学出版社，2020.

[7] 李扬. 高校档案管理与信息安全研究 [M]. 北京：北京工业大学出版社，2020.

[8] 金虹. 干部人事档案管理实务 [M]. 杭州：浙江工商大学出版社，2019.

[9] 朱春巧. 信息化时代下高校档案管理创新研究 [M]. 长春：东北师范大学出版社，2017.

[10] 刘祎. 档案管理 [M]. 长春：吉林人民出版社，2018.

[11] 毛雯. 档案管理工作研究 [M]. 北京：中国原子能出版社，2017.

[12] 王世吉，唐宁，周雷. 现代档案管理理论与实践 [M]. 延吉：延边大学出版社，2018.

[13] 潘潇璇. 档案管理理论研究 [M]. 延吉：延边大学出版社，2018.

[14] 杨学锋. 现代化档案管理与服务研究 [M]. 北京：中国商务出版社，2018.

[15] 上海市档案局. 档案信息化建设 [M]. 上海：上海教育出版社，2016.

[16] 党跃武. 高校档案工作科学发展探索与实践 [M]. 成都：四川大学出版社，2016.

[17] 赵彦昌. 大数据时代档案工作实践与创新研究 [M]. 沈阳：辽宁大学出版社，2016.

[18] 赵屹，汪艳. 新媒体环境下的档案信息服务 [M]. 上海：上海世界图书出版公司，2015.

[19] 金波，张大伟. 档案信息化建设 [M]. 上海：上海教育出版社，2016.

[20] 金波，于英香. 新趋势新思维新途径：数字时代的档案工作 [M]. 上海：上海世界图书出版公司，2013.

[21] 乔翔，郭山. 档案管理基础与实务 [M]. 北京：中国传媒大学出版社，2012.

[22] 何屹. 档案管理实务 [M]. 北京：北京大学出版社，2010.

[23] 张照余. 档案信息化理论与实践 [M]. 北京：中国档案出版社，2007.

[24] 田梦. 数字化视域下高校档案管理改革与对策分析 [J]. 文化产业，2023（05）：19-21.

[25] 黄继业. 新形势下人事档案管理创新改革与研究 [J]. 产业科技创新，2023，5（01）：114-116.

[26] 杨璐. 新时代基层单位档案管理工作要求 [J]. 文化产业，2023（03）：10-12.

[27] 陈令杰. 浅谈高校学生档案管理存在的问题及对策 [J]. 文化产业，2023（03）：16-18.

[28] 徐松，李俊年，吴士勇，万惠. 信息化视野下档案管理工作存在问题及改进措施 [J]. 兰台内外，2023（03）：22-24.

[29] 赵一铭，宁赞赞. 档案管理信息化建设的思考 [J]. 兰台内外，2023（03）：48-49+58.

[30] 王云. 新时代做好医院综合档案管理工作的创新思路分析 [J]. 兰台内外，2023（02）：40-42.

[31] 王俭奎. 浅议机关事业单位档案管理中存在的主要问题及应对策略 [J]. 兰台内外，2023（02）：52-54.

[32] 梁安. 提高医院人事档案管理水平的思考及其路径分析 [J]. 兰台内外，2023（01）：26-28.

[33] 肖艳丽. 互联网视域下档案管理的数据化转型研究 [J]. 科技风，2022（36）：70-72.